JN441157

공간, 시간을 담고

공간,
시간을 담고

김종근 수필집

그루

책머리에

1965년도부터 수년간 월남 파병이 있었는데, 초등학교 3학년 때 위문편지 숙제를 계기契機로 월남 간 군인 아저씨랑 2년여 동안 해외 펜팔을 하게 되었습니다. 편지가 오면 교탁에 올라가 낭독을 하면서 매달 두 번 정도씩 편지를 주고받았던 것 같습니다.

그 일을 계기로 편지 쓰는 것을 좋아하게 되었고, 고교 시절에도 펜팔이라는 연애편지를 3년 정도 주고받았으며, 군대에 가서도 여고생에게 받은 위문편지에 답장을 보내 주면서 2년여 동안 펜팔을 하였습니다. 펜팔을 하려면 먼저 독서를 많이 하고 좋은 시들도 많이 읽고 그 안에 있는 시어들을 모아서 인용하게 되었습니다.

자연스레 마음 한구석에 문학의 씨앗이 자라나고 있었나 봅니다. 당시에는 기술만이 살길이라 하여 공대를 갔으며 졸업하고 산업 현장에서 수십 년을 살아왔으나, 이제 나이가 들어가면서 가슴에 남아 있던 문학의 씨앗들을 발아시켜 봅니다. 2015년에 문단에 등단하고, 몇 년 전 딸아이 시집보낼 때 시집 『공간』을 출간하였으며, 아들 혼례를 기념하기 위하여 그동안 써 놓았던 글들을 모아 한 권의 책으로 엮어 보려고 합니다. 오월의 신부를 위하여.

2025년 봄

김 종 근

차례

2부
삶의 여정에서

3부

주말엔 농부

1부
공간, 시간을 담고

토룡탕
그 시절의 단상
빈집의 초상
그리운 몽구리들
동무 생각
애정이 꽃 필 무렵
백령도의 수채화
강화도의 무용담
운명의 장난질
첫 직장 방적공장
루체른 호수의 백조
도원결의
억척 우리 어머니
김 한 장의 추억
꿈결엔들
잃어버린 외삼촌
여진 나루 월파정
여진 나루의 옛 추억
한민족의 기원

토룡탕土龍湯

요즘이야 고속 성장으로 국민 소득 3만 불을 넘겨 선진국 반열에서 귀한 것도 없는 풍족한 물질 만능의 시대를 살아가고 있지만, 내가 초등학교 다니던 그 시절은 전후戰後라서 1인당 국민소득이 100달러도 못 미치던 시절이 있었다. 보릿고개를 넘어갈 때는 먹거리가 턱없이 부족하여 배추 무꽁다리, 시래기죽, 등겨죽 등으로 근근이 입에 풀칠하며 아무것이나 주워 먹고 살던 때라 사람들마다 몸속에 가득 기생충을 키우며 살았었다.

배추, 무 등의 채소는 모두 인분을 거름으로 사용하였기에 기생충에 많이 오염되어 있어서 잘 씻지 않으면 기생충 알들을 많이 먹곤 한다. 먹은 것도 없는데 기생충에게 영양분을 빼앗기니 영양실조로 황달 걸린 사람처럼 얼굴이 노랗고 발육이 되지 않았으며, 배가 고프면 뱃속의 회충들이 요동을 쳐 횟배가 아프고 입안에 신물이 고이고 항문이 간질거려 손가락으로 긁으면 요충이 바글바글 손톱 밑에 묻어 나오곤 하였으며, 학교에서 정기적으로 채변 봉투를 나누어 주며 검사를 해 주었다. 그땐 그것이 싫어서 동생에게도 시키고 개똥도 받아서 내었다. 검사 결과에 따라 '산토린'이라는 회충약을 나눠주었다. 약을 먹고 변을 보면 수십 마리의 회충과 요충이 득실거렸었다.

또한 그때엔 몸에 이가 많았었다. 이가 없는 사람이 없을 정도로, 몸이 가려워 몸을 긁느라고 애를 먹고, 수시로 신체검사를 하여 '디디티'라는 가루약을 온몸에 뿌려 주었었다.

어느 날 아침에 배가 메슥메슥하고 입 안에 신물이 고이고 하였지만 아픈 배를 움켜쥐고 학교에 갔다 오니 어머니께서 지렁이를 좀 잡아 오라신다. 배도 아픈데 지렁이까지 잡으라시니 안 하겠다고 하여도 꾸중하셔서 어쩔 수 없었다.

두레박으로 물을 긷는 깊은 우물이 있고 그 우물에서 마당을 가로질러 하수구가 있었는데 거긴 지렁이의 보고처럼 조금만 파도 수많은 지렁이들이 득실거렸다. 수십 마리를 잡았다. 어떤 일이 벌어질지도 모른 채, 배가 아파 저녁밥을 먹고 일찍 잠이 들었다. 잠결에 어머니께서 깨우셔서 짜증을 내었는데 한약이라며 마시라고 주셨다. 안 마시겠다고 하니 회초리를 찾으셔서 얼떨결에 받아 마시고 잠을 잤다. 그 비릿하고 고약스러운 그 맛은 반세기가 지나도록 잊을 수 없는 트라우마로 자리잡고 있었다. 아침이 되니 배의 통증이 좀 가라앉았다. 학교 가서 어젯밤 일이 문득 떠올랐는데 가만히 생각해 보니 지렁이를 달인 물이라는 것을 짐작했다. 잡을 때도 소름이 돋았는데 생각만 해도 구역질이 났다.

지금 와서 돌이켜 보면 먹은 나는 모르고 먹었지만, 그것을 소금물에 넣어 씻고 손질하여 약탕기에 넣어 몇 시간을 달이셨던 어머님의 자식을 사랑하는 마음과 정성이 아니라면 어찌 말로 표현할 수 있겠는가. 지금도 가족들이 모이면 동생들이 자기가 잡은 지렁이 토룡탕土龍湯 먹은 형을 놀리곤 한다.

가끔 낚시를 가면 지렁이나 구더기를 만져야 하는 어쩔 수 없는 상황이지만 소름이 돋는다. 지렁이는 어혈을 제거하고 혈액순환을 좋게 하고 심장질환 중풍의 마비 증상에도 상당한 효과가 있다 하여 TV에도 방영이 되고 또 미국 식품 의약국FDA에서도 건강식품으로 인정받았다고 한다. 예전에는 김치를 담그면 청각이라는 해초를 많이 넣어서 담그셨는데 그 모양이 지렁이와 닮아서 지렁이 트라우마로 김치에서 그것을 골라내고 먹느라고 어머니께 야단도 많이 맞았었다.

당시 어머니께서는 몸에 좋다는 것은 별것을 다 만드셨는데 그 중에 압권인 것은 생쥐 술이다. 갓 태어나 털도 없고 눈도 못 뜬 손가락 마디만한 생쥐 다섯 마리를 잡아 술을 담가 놓으셨는데 십여 년이 지나서 군 제대를 하고 오니 마시라고 주셨다. 나는 과일 담금주 외에 그 정체를 알았기에 마시진 않았지만 동생들도 모두 술을 좋아하니 누가 당했는지는 알 길이 없다.

요즘이야 생쥐 술도 풍에 좋다, 어디에 좋다 하고 비싼 값에 거래되곤 하지만 아무리 몸에 좋다고 하여도 알고는 먹기가 쉽지 않을 것이다.

그 시절의 단상斷想

가물가물하다. 그 옛날 중학교 다닐 적 이야기다. 대구에서 학교를 다녔는데 방학 때면 고향에 가서 보냈었다. 시골에서 태어났지만 일곱 살 때 고향을 떠났기에 죽마고우竹馬故友들은 그곳에 있었다.

시골집은 이삼십 호 되는 동내 산비탈 맨 뒷집이고, 집 주변엔 대나무 숲으로 둘리어 있어서 바람이라도 불면 스산스러웠다. 어른들에게 들은 얘기지만 왜정 때는 왜놈들이 사랑채를 사무실로 점령하여 사용하였고, 6·25 사변 피난 시절에는 우리 시골집 마당에 피난민들이 몰려와, 여름에는 멍석을 깔아 놓고 실있는데, 친척 되는 아주머니 한 분은 어릴 적 마당에서 어른들 곁에서 자다가 늑대에게 목을 물린 채 끌려가면서 사랑채 대문턱에 걸리는 소리에 어른들이 깨서 목숨을 건질 수 있었다. 우리 어릴 적에도 참으로 늑대가 많았다. 늑대 우는 소리도 가끔 들었는데, 나중에 그 아주머니를 보았는데 목에 늑대가 물었던 이빨 자국이 그대로 남아 있는 것을 보여 주었다.

시골집은 안채와 사랑채가 있었으며 사랑채 지나서 대문이 있고, 대문 앞엔 수령 320살 된 홰나무가 있었다. 담을 대나무가 에워싸고 있어서 밤에는 특히 무서웠다. 할머니는 밤에 마실 나가시면 무서워 친구들을 집으로 불러들여 놀곤 하였다. 긴긴 겨울밤이면 고구마나 감자를 아궁이에 구워 먹으며 이웃집 김칫독에 묻어 놓은 김치도 꺼내 먹고 무도 꺼내 먹곤 하였다.

앞집에는 종조부 댁인데 하루는 너무 시끄럽게 논다고 지게작대기를 들고 들어와서 작대기를 휘두르다 안방 천정 도배지를 찢어 놓으셨다. 우리는 부랴부랴 사방으로 달아났다. 밤늦게 할머니가 돌아오셔서 야단을 맞곤 하였다. 벌로써 다음날 나무하러 산으로, 죽은 소나무 고지배기를 한 지게씩 해오곤 하였다.

여름 방학이 되면 들로 산으로 소를 몰고 풀을 뜯기러 다녔다. 그러다가 안타깝게 한 아이는 독사에 물려 시름시름 앓다가 죽었다.

또래들과 동네에서 1킬로 정도 떨어진 윗마을에 놀러 갔었다. 그믐밤이라 달도 별로 없고, 가로등이니 뭐 이런 것들은 아예 없던 시절이었으니까 무척 캄캄한 밤이었다. 시간 가는 줄도 모르고 놀다가 마을 앞에 복숭아밭이 있어 복숭아를 한두 개씩 따먹었다. 원두막에 있던 주인이 갑자기 나타나는 바람에 우리는 놀라서 사방으로 달아났다. 나는 얼떨결에 논으로 뛰었다. 캄캄한데 주인은 쫓아오고, 벼가 한창 자라고 있는 다랑논으로 뛰어내렸는데 한참을 떨어지는 것 같았다. 늑대도 돌아다니던 시절이라 엄청 무서웠다. 나는 복숭아 맛도 못 봤으니 엄청 억울하였다.

생각엔 1~2미터 높이의 논둑을 여남은 번 뛰어내린 것 같았다. 논바닥에 거꾸로 처박히기도 하고 맨땅이었다면 어느 뼈가 부러졌을 테지만 물논이라 한 삼백여 미터는 뛰어내린 것 같았다. 맨 밑에 도랑에 도착하여 정신을 차려 보니 신발 한 짝이 어디서 벗겨졌는지는 기억도 안 났었다. 도랑에서 대충 씻고 집으로 들어갔다. 한낮에도 인적이 없으면 무서운 길인데 그믐밤에 그것도 혼자서 논으로 뛰어내려왔으니 정말 초인적인 힘이 발휘된 것임에는 틀림없다. 다음날 검정고무신 한 짝을 찾으러 갔다. 높이 떨어진 그곳에서 신발을 찾았다. 그 논두렁 높이는 2미터는 더 되어 보였다.

그 무렵 한두 살 아래인 서먹서먹하던 친구가 하나 있었는데 그 애도 도시에 살다가 방학 때면 친척 집에 놀러오곤 하였다. 나중에 들은 얘기이지만 이 친구가 고등학교 마치고 친구들하고 서울 가다가 기차 난간에 매달려 장난치다가 떨어져 팔이 잘려 나갔다. 한순간의 실수로 불구자가 되어 삶의 의욕을 잃고 술로 살았는데, 어느 날 같이 술 마시던 친구랑 시비가 붙어 그 애 보고 병신 XX라고 욕을 하자 홧김에 수저로 눈을 찔러 죽였단다. 무기수가 되었는데 곱상하고 예쁘장하게 생긴 친구인데… 순간적인 실수가 참담한 운명을 만들었다. 지금은 소식조차 알 수는 없으나 기구한 팔자를 타고 나지 않았나 생각이 든다.

대목이던 증조할아버지께서 지으신 집은 1925년경에 지어져 백여 년 가까이 되었다. 사랑채는 쌀두지 창고와 디딜 방앗간, 마구간, 사랑방과 마을회관으로 구성되어 있었는데, 사람이 살지 않으니 2002년 태풍 루사로 무너져 강아지 한 마리의 희생과 함께 사라지고, 할머니 마저 돌아가시고 지금은 빈집이다. 담도 대문도 다 사라지고 본채만 남았다. 집과 주변 텃밭이 천여 평으로 융성하던 집안의 인걸은 간데없고 잡초만이 무성하다. 이제 주말농장으로 주일마다 나만의 놀이터로 남아 나의 손길을 애타게 기다리고 있다.

빈집의 초상肖像

고향집, 바람만이 머물다 가는 빈집에도 계절은 오는갑다. 뜨락엔 노랑 민들레, 냉이가 지천으로 봄 향기를 피우며, 터줏대감 삼백살 홰나무, 늙은 감나무가 터를 지킨다

무너진 흙담 너머로 고물 장수, 동회 확성기 소리 공허하고 마당 언저리 강아지풀 고개 들고 기웃기웃 동정을 살피며 양지바른 담벼락 풀섶엔 누런 괭이 벌러덩 게으름 피운다

왜정 땐 순사가, 동란 땐 피란민들 머물며 분주했던 전설만이 장독대 이 빠진 옹기와 귀 떨어진 단지가 기억을 더듬으며 의미 없이 오가는 계절의 무상함을 한탄한다

뿌옇던 시절은 바람처럼 흩어지고 인걸은 소리 없이 떠나가도 빈집의 세월만큼이나 까만 서까래는 흙먼지 덮어쓰고 주말이면 가끔 내가 들러 여기저기 큼큼 향수를 느껴 본다

그리운 몽구리들

이맘때쯤이면
조붓한 개울 따라 코숭이 돌면
살사리꽃 반갑다 하늘거리고

곰비임비 다랑논들 제 키 다툴 때
벼이삭은 골바람에 넌출지어
나달의 무게에 누렇게 이울어 가네.

해거름녘 나락 싣고 오시던 아버지는
풀 뜯는 누렁이 볼기짝 다그치니
하릅송아지도 워낭 따라 잔달음질 하누나

한겨울 언 논바닥에서 자치기하다
논두렁에 모닥불 피워 놓고 언 발 녹이면
까치도 발 시린 듯 까치발 들고 기웃거리네.

물오름달이면
버들강아지 비틀어 호드기 불고
종다리도 나풋나풋 오지랖도 넓어라

타오름달 앞 도랑 흰여울엔
발가숭이 몽구리들 송사리 가두니
논 가운데 왜가리도 부러워 죽네.

이제야 찾아보니
꼴망태 몽구리들 간데없고
삭정이에 걸려 있던 달님은 어디로 숨었는지

한뉘도록 애만 자신 그림내 울 아버지
꿈결에라도 보고 싶어 눈짓물이 되었구나
손길 없는 뜨락엔 자귀들 푸새들만 가득하여라.

순우리말

조붓하다 : 조금 좁은 듯하다
코숭이 : 산줄기의 끝.
살살이꽃 : 코스모스의 우리말
곰비임비 : 물건이 거듭 쌓이거나 일이 겹치는 모양.
골바람 : 골짜기로부터 산꼭대기 쪽으로 부는 바람.
넌출지다 : 식물의 줄기가 치렁치렁 길게 늘어지다.
나달 : 세월의 우리말
이울다 : ①꽃이나 잎이 시들다. ②점점 쇠약해지다.
해거름녘 : 해가 서쪽으로 넘어갈 무렵.
나락 : 벼의 방언
하릅 : 소·말·개 등의 한 살 된 것.
워낭 : 소나 말의 귀밑에서 턱밑으로 늘여 다는 방울
잔달음 : 보폭을 좁게 잇달아 떼어놓으면서 바삐 뛰는 걸음.
자치기 : 아이들의 놀이 중 하나
물오름달 : 3월. 산과 들에 물오르는 달

호드기 : 버드나무의 가지 껍질이나 밀짚 토막으로 만든 피리
나풋나풋 : 가볍고 날렵하게 움직이는 모양
오지랖 넓다 : 주제넘게 자기와 상관없는 남의 일에 참견함을 비웃는 말.
타오름달 : 8월. 하늘에서 해가, 땅 위에서는 가슴이 타는 정열의 달
흰여울 : 물이 맑고 깨끗한 여울
몽구리 : 바싹 깎은 머리, 까까머리 아이.
삭정이 : 살아 있는 나무에 붙은 채 말라죽은 가지.
꼴 : 소나 말에게 먹이는 풀
망태 : 새끼나 갈대를 엮어 물건을 나르기에 편하게 만든 기구.
한뉘도록 : 살아 있는 동안 내내(한평생)
그림내 : 내 그림, 곧 내가 그리워하는 사람
눈짓물이 : 눈시울이 짓무른 사람을 놀림조로 이르는 말
자귀 : 짐승의 발자국
푸새 : 저절로 나서 자라는 풀의 총칭

제10회 전국시인대회 '순우리말 글짓기' 동상 수상(2017, 대한문인협회)

동무 생각

중학교 다니며 배웠던 노래 중 이은상 시인 작사, 박태준 작곡 「동무 생각」이란 노래가 있다. '봄의 교향악이 울려 퍼지는 청라 언덕 위에 백합 필 적에…'로 시작하는 노래이며, 1970년 대구에 있는 K중학교에 입학하였다. 역사와 전통이 깊은 명문 학교이며, 1906년 기독교 선교사인 애덤스가 개교하여 현재는 한 세기가 지난 학교이다.

K중학교 시절, 같은 개신교 학교인 S여중이 학교 맞은편에 위치하고 있어 늘 동경의 대상이었으며, 청라 언덕은 담쟁이넝쿨이 우거진 언덕을 말한다. S여중 뒤편 옛 선교사들이 살았던 붉은 벽돌 건물이 있던 곳을 말한다.

처음 개교 시에는 대구에서 최초의 이 층 건물을 가진 학교로 대구의 명물로 자리잡았으며, 시골 할머니들이 도시락 싸서 구경 오고 하였다. 청록파 시인 중 박목월, 소설가 김동리, 작곡가 박태준 선생이 졸업하였으며, 학교 정문을 들어서면 숲 사이로 대리석 오십 계단을 오르면 본관인 도서관 건물이 담쟁이넝쿨로 둘러싸인 서양식 붉은 벽돌 3층 건물이 유럽의 고성과 같은 멋스러움을 간직하고, 대구 최초의 2층 건물인 애덤스관(1908년)이 있고, 지금은 대신동에서 상리동으로 이전하고 남녀공학으로 바뀌어 아쉬움으로 남는다.

어릴 적 너무도 빈곤하여 입에 풀칠하기 어려운 환경에서 자라 키가 작았고, 가난으로 초등학교를 세 군데 다닐 정도로 이사를 해 친구를 사귀지 못하였다. 고만고만하던 키에 앞뒤로 섰던 친구가 있었는데, 그 친구 이름은 정○○이라는 친구인데 한 반에 70명인데 키순으로 내가 67번 친구가 68번이었으며, 나는 변두리인 금호강변에 살았었고 친구는 시내인 대신동에 살았다.

지금은 많은 기억이 사라지고 없지만 참 재미있게 놀았던 것 같다. 얄팍한 음악책을 말아서 칼싸움하던 기억이 어렴풋하다.

방학 때면 우리 동네 놀러 와서 금호강에서 멱감으며 놀던 기억과 왕잠자리 암놈을 실에 묶어 빙빙 돌리며 수놈을 유인해 잡던 기억이 난다. 학교 파하면 5원 하던 버스비 아끼려 20리 길을 걸어 다녔다. 친구 집에 자주 놀러갔었으며, 그 친구 어머니께서 그 당시 처음 나온 것으로 기억되는 삼양라면을 끓여 주셨는데 그때 처음 라면을 맛보았다. 라면의 그때 그 노린내 나는 냉랭한 그 맛은 아직도 그리워 지금도 가끔 삼양라면을 찾아 그 맛을 찾아 킁킁대 보지만 그 맛은 찾을 수가 없다. 또 친구 집에서 우유병에 든 우유도 처음 먹어 보았는데, 초등학교에서는 책가방에 양은으로 된 컵을 달고 다니며, 급식으로 탈지된 가루우유를 나누어주어 먹어는 보았지만, 병 우유의 그 고소한 맛은 잊을 수가 없으며, 우유가 아니라 양유로 기억된다.

학교를 졸업하고 친구는 마산으로 이사하여 만날 수가 없었다. 군대에 갔을 때 상병 땐가 휴가를 나왔는데 친구에게서 연락이 와서 한번 만났는데, 그 친구는 우리 아버지의 함자를 기억하고 있어서 전화번호부에서 찾았다고 했었다. 당시 그 친구는 키가 더는 자라지 않은 듯 아주 작았으며, 아주 많이 아프다고 하였다. 전역하고 만나기로 하였지만 만나지는 못했다. 나는 서울에서 대학을 다니고 취업을 하였기에 더는 만날 수가 없었다.

지금은 사십 년도 훌쩍 넘어 그 친구의 흔적은 찾을 길이 없다. 인터넷 사람 찾기와 학교 홈페이지들 여러 각도로 노력해 보았지만 어디에서도 흔적을 찾을 길이 없으며, 많이 아팠던 것으로 보아…, 부디 살아만 있기를 간절히 기도해 본다.

애정이 꽃 필 무렵

대구에서 고등학교에 다녔다. 요즘에는 휴대전화가 있어 쉽게 연락되곤 하지만 그때는 편지가 유일한 소통 수단이었다. 거의 사라진 문화이겠지만 당시에는 펜팔이라는 편지 소통이 유일하였다. 요즘은 카톡이나 문자 등 SNS가 대신하고 있지만, 연애편지 한두 통 써 보지 않은 사람은 없었으리라 생각된다.

연애편지란 마주앉아 대화하는 것이 아니다 보니 표현력이 낯간지러운 내용들과 과감하고 아름답게 포장하려고 애를 많이 쓴다. 내성적인 성격의 나는 직접 만나는 데이트보다는 편지를 통한 소통이 잘 맞았던 것 같았다. 펜팔을 주선하는 매체는 주로 월간지 주간지 표지 뒷면이나 팝송이나 대중가요 책 뒷면 같은 곳에 나이와 이름 주소들을 기재하여 자기광고를 하곤 하였다. 요즘 같아서야 개인 정보라 하여 큰 일날 일이지만…….

1966년 초등 3학년 때 월남 간 군인 아저씨와 3년간 펜팔을 한 경험을 살려 고교 시절 학생 주간지에 실린 시골 사는 여고 2년 소녀와 펜팔을 하게 되었다. 풋풋하고 설레는 마음 억눌러 가며 사랑의 감정이 싹트기 시작하는 인생의 황금기가 아니었나 싶다. 릴케의 '고독'을 읊조리며 펜에 잉크 묻혀 가며 정성스레 한 자 한 자 향기를 발라 적었다 찢곤 하였다.

정성 담긴 예쁜 글씨의 답장을 받고는 하늘의 구름 위를 나는 듯, 읽고 또 읽고 밤새 좋은 글귀를 찾아 가며 시집의 시들을 베껴 적어 가며 보내곤 하였다. 박인환의 '목마와 숙녀'를 외우고, 프로스트의 '가지 않은 길'을 외우고 인생을 노래하고 희망을 노래하였다. 학교 갔다 오면 우체부 아저씨를 애타게 기다렸다. 혹시라도 부모님께 들키지 않으려고 무척 노력하였다. 이때부터 문학에 눈을 뜨고 글을 쓰게 된 동기가 아닌가 한다.

핑크빛 꽃편지지와 꽃봉투에 하트 모양 그려 가며 정성을 다하였다. 소녀의 편지 속에 데이지꽃잎 책갈피 고이 꽂아 말려 보내왔다. 나도 답장에 네잎클로버를 찾아 말려 보내곤 한

지 어언 일 년여 글을 나눴다. 오월 어린이날 편지가 올 때가 지났는데도 오지 않아 애를 태우고 있었다. 대부분의 편지는 우체부에게 직접 받아야만 했었다. 그러나…….

편지가 올 때가 지났는데도 소식이 없어 애를 태우며 대문 앞을 서성이는데 낯익은 글씨 조각이 보이는 것이었다. 주워 보니 애타게 기다리던 편지 조각들, 대문 옆에 강아지가 개 집으로 물고 들어가 산산조각을 내놓았다. 예뻐하던 강아지는 내 발길질에 공중제비를 돌았다. 깨끗이 쓸어 모아 반창고로 퍼즐 맞추듯 정성스레 맞추어도 군데군데 모자랐다. 하필이면 어린이날 12시에 달성공원 정문 앞에서 만나자는 약속이 적혀 있었다. 그 시각이 11시, 부랴부랴 옷을 갈아입고 버스 타고 달성공원으로 달려갔으나 30분이나 지났다. 어린이날 달성공원 앞은 발 디딜 틈이 없을 정도였으며 정문 앞에 여고생이 수십 명은 되었다. 시간도 지났고 얼굴도 모르는 그 소녀를 찾을 수가 없었다. 만날 수 있는 운명은 비켜 지나갔다. 시골에서 몇 시간을 버스 타고 왔을 그녀를 생각하니 다시 한 번 강아지가 미워졌다. 터덜터덜 두 시간이나 걸어서 집으로 돌아왔다. 영문도 모른 채 애꿎은 강아지는 또 맞았다. 잔인한 오월이었다.

시월 한글날 또 약속 편지가 왔다. 대구 한일극장 앞에서

11시 약속이었다. 약속은 그 소녀가 정하였다. 극장에서는 '십계'라는 영화를 상영하고 있었는데 여고생들 단체 관람이 있었나 보다 수백 명의 여고생들 사이에서 멀리서 찍은 사진 한 장으로 그녀를 찾는 것은 불가능하였다. 여러 명에게 용기 내어 물어보았지만 허사였다. 또 한 번 만남의 운명도 그렇게 비켜 지나갔다.

만날 기회를 못 만들고 삼 년 가까이 편지로만 사랑을 나눴다. 그러던 중 입대 영장도 나오고 심적으로 힘든 시기가 오고 있었다. 3년여 펜팔로만 교제하고 입대날이 정해지고 나는 마지막 편지를 하였다. 그 소녀의 마지막 편지가 입대하는 나의 마음을 아프게 하였다. 몸과 마음이 아프단다. 이렇게 첫사랑의 펜팔은 아쉬움 속으로, 지금은 그 소녀의 이름조차 기억에서 사라졌지만, 그 때의 시간은 돌아올 수는 없지만 나만의 추억의 한 페이지에 고스란히 남아 있다.

백령도의 수채화

수십 년이 지난 아득한 옛이야기지만 엊그제 일처럼 다가온다. 연안 부두에서 연락선을 타고 열두 시간, 요즘에는 네 시간이면 갈 수 있다는 국토의 막내, 아름다운 섬 백령도白翎島 그곳에서의 일 년간의 군 생활을 회상回想해 본다. 뱃길 오백리, 황해도 옹진군 백령면에서 인천광역시로 편입된 백령도는 대부분의 주민들이 황해도 연백 사람들이다. 황해도 장산곶 끄트머리에 간신이 붙어 있는 우리나라 서해 최북단 섬, 공군에 입대하여 백령도 발령은 생각지도 못한 내게 주어진 참담한 현실 그 자체였다.

1978년 4월에 입대하여 군장을 지급받고 처음으로 군화를 신을 때 큰 충격을 받았다. 이렇게 무거운 군화를 신고 삼 년을 살아야만 한다고 생각하니 참담하였다. 대전 공군 교육사에서 두 달여 기초군사훈련, 각종 훈령, 군가, 직속상관 관등성명 외우기부터 제식훈련, 총검술 훈련, 각개전투, 사격술, 유격훈련 등을 받았다.

첫날부터 점호시간은 공포의 시간이 시작됐다. 각종 훈령과 군가, 직속상관 관등 성명 등 질문과 함께 구타와 폭력이 난무했다. 얼마나 긴장하면 자기 이름도 잊어버리고 기합을 받는다. 기다려지던 식사 시간도 공포 그 자체다. 한쪽에서는 '두리번거리지 맙시다' 고함을 지르며 오리걸음을 하고 있고, 한쪽에서는 원산폭격을 하고 있고, 밥을 먹는 둥 마는 둥 식사 끝 외치면 동시에 수저를 놓아야 했다. 100% 소화가 되어 일주일이 지나도 변이 나오지 않았다. 토끼 똥 몇 알이 고작이다. 배고픔은 참을 수가 없었다. 밤 두 시경 조를 짜서 식당 창고를 털었다. 낮에 봐둔 가마니 속 딱딱한 쥐똥 섞인 누룽지를 훔쳐와 자면서 몰래 먹었다. 거꾸로 매달아 놓아도 국방부 시계는 간단다.

교육이 끝나갈 무렵 고학력자들 백여 명 추려서 시험을 보았다. 영어 시험과 적성검사 시험을 보았는데, 좋은 곳으로 보내주는 줄 알았다. 레이더 관제병, 산신령 특기라고들 한다. 보문산에서 8주간 레이더 교육을 받고 대전발 영시 오십분 열차를 타고 서정리역에 내려 작전사로 이동하였다. 오산 작전 사령부에서 각 레이더 사이트로 발령되었는데 나랑 동기생 둘은 백령도라는 생소한 곳으로 발령을 받았다.

공포와 두려움에 휩싸인 우리를 측은한 눈길로 바라들 보았다. 백령도로 들어가는 방법은 배편과 항공편, 비행기는 오산기지에서 월 한 차례 백령도로 군수물자 수송차 들어간다. 백령도는 세계에서 세 군데밖에 없다는 모래사장 천연 활주로가 있다. 썰물 때면 백사장에 비행기가 내릴 수 있는 2킬로 정도의 모래사장 활주로가 생긴다. 썰물 때가 되면 공군병들이 해변에 가서 미역 줄기 등 해초들을 걷어내면 진흙 같은 모래사장이 다져져 비행기가 내려도 바퀴 자국이 1cm 정도밖에는 생기지 않는다. 수송기는 북의 포 사거리를 의식하여 수면에 붙어 저공비행으로 들어온다. 또 다른 편은 연안부두에서 연락선을 타는 것이다. 신병들은 비관 자살을 한 경험이 있어선지 항공편으로 들여보내는 것이 원칙이었다. 오산에서 C-123을 타면 한 시간이면 갈 수 있는 거리다.

7월 중순이고 밀물 썰물, 즉 로우 타이드가 맞아야 비행기가 내릴 수 있기 때문에, 그 기회는 우리를 외면하였다. 우리가 오산 기지에 대기하는 동안 공짜 밥을 주질 않고 밥값으로 매일 사역을 시켰다. 관사 풀 깎기 영내 구석구석 우리의 손이 안 간 곳이 없었다. 한도 끝도 없는 활주로 변 풀 깎기 등 우리는 한여름 태양 아래 흑인들보다 더 시커멓게 탔다.

소속 없는 우리는 잡역부나 마찬가지였다. 결국 우리는 면담을 통해 배편으로 보내 달라고 사정하였다. 한 달간 대기하여도 비행기는 계속 연기되었다.

결국은 연안 부두로 보내졌다. 배는 제법 규모가 있는 크기며, 안전을 위하여 함대가 인천서 에스코트를 한다. 중간 부근에서 백령도 함대가 마중 나온다. 배 안에는 우리가 느껴 보지 못한 특유의 북한 말투에 당황스럽게 만들었다. 백령도 주민이 원래 황해도 연백 사람들이어서 황해도 사투리를 쓴다. 열두 시간의 멀미와 사투 끝에 백령도 용기포항에 내려놓았다. 첫인상은 북녘땅에 온 듯한 느낌이었다. 산에는 해병 특유의 붉은 글씨의 간판들이 눈에 들어왔다. '때려잡자, 김일성'

요즘은 어떻게 변했는지는 알 순 없지만, 당시 백령도에는 초중고 학교가 하나씩 있었고, 흑룡 버스라고 해병에서 운영하는 마을버스가 한 대 있었으며, 택시는 세 대가 있었던 것으로 기억된다. 부대가 있는 연화리까지 수송 트럭을 타고 학수고대하던 자대로 들어온 것이다. 연화리는 심청전에서 어부가 연꽃을 건져 올렸던 마을이다. 우리는 내무반으로 인계됐는데 병장들 밖엔 없었다. 신병이 언제 들어오는지 애타게 기다려 왔었단다.

이곳에서의 생활은 나를 철들게 하기엔 충분하였다. 나를 강하게 만들었다. 레이더 부대는 산꼭대기에 있으며, 내무반은 산중턱에 있어 매일 걸어서 다녔다. 업무 특성상 4교대 근무, 미드나잇(0시~6시), 스윙(18시~24시), 에프터(12시~18시), 모닝(6시~12시) 근무하면 3일이다. 3일 근무 끝나면 하루 반 36시간 휴식 후에 미드나잇 근무 올라가는 형식이다.

크루(조)별로 사흘 근무하면 하루 반은 휴일이다.

휴일마다 우리 조는 매주 외출한다. 내무반에 있으면 온갖 잡일들이 생긴다. 특별한 일이 없는 한 무조건 외출을 나간다. 갈 곳은 섬 내에 자유롭게 관광한다. 두무진, 물범바위, 백령 성당, 콩돌 해수욕장; 안 가 본 곳이 없을 정도다. 백령도는 이틀에 한 번 꼴로 해무가 짙게 끼인다. 불과 2~3m도 앞도 분간할 수가 없다. 이럴 땐 어찌 그리 불안하게 포들을 쏘아대는지, 항상 이곳은 실전 상황이라 백령도와 장산곶 사이에 배들이 지나가면 서로 쏘아 대곤 하였다. 백령도와 장산곶은 빤히 보이는 곳이라 헤엄치면 건너갈 수 있다고들 하였다.

여름날은 바닷가에서 수영하며 살았다. 백령도에는 해병여단장이 술을 통제하여 술값이 육지의 열 배다. 소주 한 병이 그 당시 250원일 때 여긴 2,500원이었다. 선임 병장과 둘이 소주 10병을 마셨는데 술값이 오만 원이 넘게 나왔다. 안

주는 오이랑 노가리를 먹었는데, 육지에서는 양주 먹어도 이렇게 나오지 않을 텐데.

레이더 상황실에는 비상시 전투기를 띄울 수 있는 책임을 맡은 조종사 출신의 장군과 영관급 중대장과 전투기 조종사와 통화하면서 요격 임무를 담당하는 장교들과 부사관이 있으며, 사병들의 임무는 레이더 스코프를 보며 하늘에 떠 있는 항공기를 컨택하여 대형 작전 상황판에 비행항적을 기록하도록 전시 기록병에게 좌표를 불러준다. 전시 기록병은 헤드폰을 쓰고 불러 주는 좌표대로 스크린 상황판 뒤에서 비행항적을 하얀 색연필로 글씨를 거꾸로 쓰면서 기록한다. 대형 케논피 유리로 된 스크린은 2층으로 각층 두 명씩 네 명이 기록하는데 일 분에 수십 대를 불러 주기에 좌표를 찾아 비행기에 부여된 번호와 속도, 고도 등의 항적을 기록하는데 정신이 없을 정도로 바삐 돌아간다. 상황판은 우리나라에 지도 위에는 지오 랩 좌표와 레인지 좌표가 그려져 있다. 텔러들이 앉아서 우리 지역에서 잡은 비행 항적을 상부 레이더 부대와 서로 지오 랩 좌표로 불러 주어 놓치는 항적이 없도록 한다. 백령도는 최북단에 있어 북한과 중국 일부, 러시아 일부까지 커버된다. 매일 임무가 교대로 돌아간다. 혼을 속 빼놓을 정도로 바삐 돌아가며, 교육 받을 때는 무척 많이 두들겨 맞아야만 했다. 무식하게 생긴 부대 전화 수화기가 신병들의 머리에 박살난다. 육체적인 고통보다는 정신적 고통에 치를 떨었다.

신병 두 명을 2개월 만에 받았다. 79년 추석날이다. 바로 위 선임 병장이 기동타격대에 파견근무 중에 배탈이 나서 대신 근무를 서 달라 부탁하였다. 야간에 부대 외곽 초소에서 불침번을 서는 것이다. 혼자 서는 것이라 바짝 긴장된다. 북한과의 거리도 가깝고 매일 교전이 일어나는 전시 상황이라 실탄이 장전되어 있어 조금 무섭기도 하다. 급히 교체되어 총을 교체할 시간도 없고 해서 선임 총을 들고 섰다. 외곽 초소에는 전깃줄 우는 소리가 처녀귀신 울음소리라고 전해지며 두려움과 공포에 휩싸인다. 둥근 추석 보름달은 고향의 부모님 생각에 처량하기 짝이 없었다. 내 총기는 내무반 총기 보관 틀에 채워져 있었으며 며칠 전에 새로 온 막내 이병에겐 아직 총기가 지급되지 않았다. 이 친구가 내무반 건물 불침번을 서면서 내 총을 들고 섰다. 갓 고등학교를 마치고 들어온 어린애 같은 아이다. 총기를 담벼락에 세워 두고 들어가 졸았다. 헌병대 순찰 중에 총기를 들고 가버렸다. 새벽 한 시경 나는 영문도 모른 채 헌병대로 끌려갔다. 군대에서 총기는 자기 생명보다 더 소중하게 다뤄지는데 분실하였으니 아무리 상황 설명을 해도 통하지 않았다. 모두 탈의 되고 팬티끈까지 빼고 영창에 감금되었다. 난감한 상황이 되었다. 대대장, 중대장에게 내일이 되면 보고될 상황이고, 나는 헌병대 병장에게 애원하였다. 추석날이라 병장은 만취 상태였다. 나에게 제안했다. 빳다를 백 대를 맞겠느냐, 여기서 한 달 영창을 살겠느냐, 망설일 여유가 없었다. 군복을 입고 나는 맞기 시작하였다. 헌병대 몽둥이는 길이가 1m 정도에 지름이 6~7cm 정도로 보였는데 이렇게 쓰여 있었다. '어머니 날 살려 주세요'

때리는 숫자를 헤아리라고 하였다. 몇 대 때리다가 말겠지 생각했다. 처음엔 따귀부터 시작하였다. 열 대를 맞았다. 다음은 무릎 꿇려 그 사이에 몽둥이를 끼우고 워커 발로 허벅지를 사정없이 찍어 내려 무릎 위가 까맣게 죽었다. 지금 생각해 보니 그때 양쪽 무릎 연골이 다 찢어지지 않았나 생각된다. 다음엔 빳다로 엉덩이를 사정없이 내려쳤다. 백 대를 다 헤아렸다. 지독한 놈이었다. 나는 초등학교 때부터 울어본 기억이 없다. 감정이 없는 동물이다. 나도 지독한가 보다 울지 않았다. 난 풀려났다. 엉덩이가 터져서 팬티가 피에 엉겨 붙었다. 일주일간 엎드려 자야만 했고 선임들이 밥을 타다 주었다. 나는 어린 신병을 용서하였다. '신○○' 아직도 잊히지 않는 이름이다. 나에게 술주정을 한 것이다.

1979년 백령도 추석날 일은 트라우마로 뇌리에 영원히 박혀 있다.

일 년에 두 번 휴가, 후반기 십일 휴가는 배를 타고 나갔다. 휴가는 먼저 휴가 나간 장병들이 귀대하여야 다음 차순이 정해지기에 언제 나갈는지 알 수가 없다. 휴가 종료 열흘 끝나고 제일 빠른 편으로 귀대하여야 한다. 오산에서 비행기가 맞으면 비행기를 타고, 그러나 그것은 거의 불가능하다. 겨울엔 비행기가 거의 안 들어가기에 연안부두 주변 여관에서 대기하다가 배를 타야 한다. 배는 공식적으로 일주일에 한 번 들어간다. 오전 6시에 타면 저녁 6시경에 백령도에 도착한다. 그러나 그것은 겨울에는 들쑥날쑥하다. 백령도에서 30분 거리에 대청도, 거기서 30분 거리에 소청도가 있다. 이 두 섬에는 배를 정박할 수 있는 부두가 없어 작은 배로 실어 나른다.

백령도와 대청도 사이가 물살이 세기로 유명한 심청전의 심청이가 몸을 던진 인당수가 있기 때문이다. 첫 휴가는 엉망이 되었다. 휴가 일정 10일 끝나는 날 연안 부두로 갔다. 해병 연안 부두 관리소에 대기 신고하고 부두 여관에서 대기하고 있다. 날씨 탓에 배는 하루 단위로 계속 취소되었다. 멀리 갈 수도 없고 언제 배가 뜰지는 알 수 없기 때문이다. 휴가 나온 지 한 달쯤 되어 내일 아침에 배가 뜬다고 예보되었다.

수속을 마치고 오전 6시에 배를 탔다. 갑판 위에 가져간 짐을 다 쏟아서 통제하고 있는 술이 있는지 조사한다. 덕적도를 조금 지나자마자 바람이 불기 시작하더니 갑판 위에 실은 물건들은 다 쓸려 나가고 배는 곧 침몰할 것처럼 심하게 롤링하였다. 함께 들어가는 다른 한 척의 배가 수십 미터 앞서 가는데, 파도 속으로 들어가면 안 보이다가 나오면 배 밑바닥이 보이곤 할 정도다. 우여곡절 끝에 대청도까진 왔으나 더 갈 수 없는 인당수가 버티고 있다. 다시 인천으로 회귀한단다. 배를 돌리고 나니 언제 그랬냐는 듯 배는 그렇게 조용해졌다. 물결을 타고 넘실넘실 항해하여 하루반 만에 인천 부두에 내려놓았다. 24시간 출항이 연기되었다.

다시 머물던 여관집으로 갔다. 내일 새벽에 다시 출발한단다. 그리해서 우리는 두 번 더 회항 끝에 백여 시간의 항해 끝에 백령도에 발을 디딜 수가 있었다. 다시는 가고 싶지 않은 휴가였다. 그래도 또 때가 오면 나갈 것이다. 또 어떤 장병은 빨리 가고 싶어 해군 함대를 타고 휴가 나갈 때도 있는데 가다가 바다에서 작전이 걸려서 9박 10일 배에서만 휴가를 보내고 온 사람도 있었다. 다행히 전반기 보름 휴가는 항공편으로 나갔다가 항공편으로 귀대하였다. 일 년간의 백령도 근무를 마치고 강화도로 전출되면서 동기가 그곳으로 밀려들어갔다. 아름다운 섬 백령도에는 남모를 아픔과 피눈물이 어린 추억이 숨어 있다. 다시는 그곳에 발을 들이지 않으리라 다짐해 본다.

강화도의 무용담

거꾸로 매달아 놓아도 국방부 시계는 멈추지 않고 돌아간다고 하지만, 백령도에서 1년간의 군 생활은 너무도 느리게 지나갔다. 1년 후 자기가 원하는 곳으로 보내 준다. 1 지망은 제주 모슬포, 2 지망 강화도 별립산, 3 지망 팔공산을 써내었다. 제주도 모슬포는 군 생활을 즐기자는 목표였으며, 강화도는 좀 편하게 지내자는 목표이고, 팔공산은 큰 레이더 기지라 힘들지만, 집이 가까워서 써냈는데 별립산으로 발령이 났다. 여기는 소규모 레이더기지라 일은 좀 수월하다고 생각하였다. 동기들은 영하 40도까지 내려가는 대성산, 화악산 간 친구도 있는데 다행이다. 강화도 북쪽 하점면 해발 417m 꼭대기에 레이더 기지가 있다. 동기생 한 명을 백령도로 밀어넣어야 했다. 광주 사는 동기생 한 명도 이 곳으로 왔다. 꿈에도 그리던 육지, 육지 같은 섬으로 온 것이다.

공군에서는 최전방을 지역으로 말하지 않고 특기로 말한다. 즉 비행기 조종사가 제일 전방 특기이며. 다음이 레이더 병과이다. 레이더 병과도 두 병과로 구분하여 한 병과는 공군기지의 관제탑에서 비행기 이착륙을 지원하는 병과와 산신령 특기인 레이더 관제병 즉 하늘을 지키는 파수꾼, 하늘의 모든 비행 물체를 관리하고 위험 상황에는 전투기를 띄우고, 전투기의 요격을 지원한다. 백령도 강화도는 주로 남한 비행기보다 북한의 비행기를 감시하며 상황별로 대응한다. 작전 상황실에는 조종사 출신 장군이 대기하며 위험 상황이면 스크램블을 건다. 벨을 누르면 대구, 수원, 강릉 등 비행장에서 3분~5분 대기 조종사들의 전투기가 발진한다. 전투기가 발진해 올라가면 북한 기는 다시 올라간다.

나는 중대 본부장실로 특명받았다. 중대장 중령의 비서 역할이며 중대 본부 사무실에서 주간 근무만 하였다. 내무반 생활보다는 중대 본부장실 내에서 야전 침대에서 당직 생활하였다. 군사 비밀문서도 수급하는 전령이었으며 월 1회 정도는 서울 대방동 공군 본부까지 문서 수발을 다녔다. 허리에 권총도 차고 전령증은 모든 대중교통은 무상으로 탈 수 있었다. 일 년여 후 선임병장이 되면서 후임에게 물려주고 작전 상황실로 복귀하였다.

작전 상황실 근무는 3교대 근무이며 4개 조로 운영되며 한 조는 근무하며, 한 조는 취침 중이며 한 조는 자유 시간이며, 한 조는 외출 중이다. 5일 근무하고 무조건 2박 3일 외출, 외출 때는 무조건 나가야 한다. 내무반에 있으면 풀 뽑기 눈 치우기 등 사역도 해야 하고 하니 무조건 나가서 놀러 다닌다. 강화도 구석구석 안 가 본 곳이 없을 정도다. 연무당 옛터, 고려 궁지, 고인돌, 초지진, 광성보, 전등사, 마니산 참성단, 석모도 보문사, 강화성당, 외포리 등, 집에 가는 것도 한두 번은 반겨 주지만 매주 내려오면 반가워하지 않는다. 백령도 있을 때야 집에 자주 못 갔지만 강화도 와서 매주 집에 가면 또 나왔냐는 소리가 나온다.

외출 갔다 오면 미드나잇 근무 밤 12시~오전 6시까지이며, 졸면 안 되기에 커피를 한 사발씩 의무적으로 마시곤 하였으며 간식으로 라면도 끓여 먹는다. 근무 마치면 내무반에 들어가 낮 12시까지 자고 일어나 점심 먹고 자유 시간 보내다가 스윙 근무 저녁 6시~밤 12시까지 근무하고 내려와서 자고 아침에 일어나 아침 먹고 자유시간 보내다 에프터 근무 낮 12시~오후 6시까지이다. 이렇게 두 번 돌아가면 5일이며, 2박 3일 외출이 주어졌다.

병장 땐 국군 모범 용사로 선발되어 육해공군 단체로 산업

시찰도 다녀온 적이 있다. 용산역에 있는 용사의 집에서 자고 영등포에 있는 조선 맥주 공장에서 맥주 마신 기억이 어렴풋하다.

레이더는 하늘에서 움직이는 모든 비행체는 다 잡힌다. 구름 낀 날은 비행체를 잡기가 상당히 어렵다. 풍선, 새떼 이런 것이 비행기로 오인되어 전투기가 발진하는 경우도 있으며 이런 땐 영창도 간다. 한 번은 우리 근무 시간에 개성 근처 휴전선 부근에서 산불이 난 적이 있었다. 북한 헬리콥터 여러 대가 휴전선 부근까지 날아와서 불을 껐다. 우리 전투기도 발진하곤 하였다. 상당히 위험한 전투 일보 직전까지 갈 수 있었던 상황이었다. 겨울이면 철새 떼 속도가 헬기 속도와 거의 비슷한데 거침없이 휴전선을 넘을 때도 있다. 긴장하지 않을 수가 없다. 노련한 고참이 되어야만 구분할 수 있다.

한 달에 한두 번은 미군 정찰기(SR-71 Black Bird 요즘은 퇴역)가 오키나와에서 제주도를 거쳐 서해안을 따라 올라와서 백령도 상공을 지나 휴전선을 따라 강릉 앞바다 동해까지 가서 유턴하여 갔던 곳을 되돌아 오키나와까지 45분 비행을 한다. 시속 1,800노트 즉 평속 마하 3으로 다닌다. 우리나라 허리를 지나는 데 3분이 소요됐다. 이 비행기는 컨택하기 무척 어렵다. 제주도에서 컨택하여 밍일신 백령도로 토스를 해 주는데도 놓치기 일쑤다. 워낙 속도가 빨라서 레이더에서 메뚜기

뛰듯 하기에 놓치고 영창 가기도 한다. 물론 각 레이더 기지에서 중첩으로 관리하기에 같은 정보가 전국 작전 상황실에다 기재되고 있기 때문에 그렇게 기상 상황이 나쁘지 않은 한 놓치는 일은 없다. 백령도 근무할 때 이 비행기 소리를 들은 적이 있었다. 그냥 '꽝 우르르' 대포 소리다. 오산 작전본부(미군기지)에서 이 비행기를 한 번 본 적이 있다.

1979년 10월 26일 그날은 미드나잇 근무였다. 라디오에서 대통령 유고라는 이야기가 흘러나오고 있었다. 항시 밤에도 여러 대의 북한 비행기가 떠다니는데 그날따라 비행기가 한 대도 없었던 것으로 기억된다. 다음날 데프콘 쓰리가 발령되었으며 제대 말년 전역이 미루어질까 노심초사하였다.

우리나라 비행기는 비행기에 식별 장치가 붙어 있는데 대통령기는 코드 1, 참모총장 기는 코드 2, 군용기는 코드 3, 민항기는 코드 4가 붙어서 식별이 가능한데, 1969년 12월 강릉에서 서울로 오던 KAL기가 납북되었다. 이 비행기가 가끔은 평양에서 이륙하여 베이징으로 날아갈 때도 있었다. 평양에서 탁구대회가 있을 때는 중국에서 여러 대의 비행기가 평양으로 날아가곤 하는 것을 볼 수 있어서 행사를 가늠하곤 하였다.

크리스마스 위문편지를 받았는데 부여 사는 여고생 2학년과 펜팔하였다. 그 여학생의 친구와 광주 사는 동기생과도 같이 펜팔을 하였다. 서로 편지 오면 돌려가면서 읽고 하였다. 1980년 2월 28일 35개월 근무 후 전역하였다. 그날은 동기들과 서울에서 술로 보내고, 삼일절 우리는 부여 여학생들을 만나기로 하여 부여로 갔다. 그런데 친구 여학생은 나왔는데 나와 펜팔을 하던 여학생은 나오지 않았다. 같이 밥 먹고 무열왕릉 등 구경하고 그 친구는 광주로 나는 대구로 헤어졌다. 나는 복학 때문에 다시 서울로 올라가고 그렇게 헤어졌다. 나중에 부여 여학생에게서 대구 집으로 정성으로 손수 쓴 시집 한 권 보내왔었다. 그 여학생도 지금쯤 아마 문학하는 시인이 되어 있지 않았을까 생각이 든다.

군 생활 3년 동안 매일 잠자는 시간이 다르니 군 생활의 지독한 선물인 불면증, 그 불면증으로 거의 매일 하루에 한두 시간 밖에 자지 못하였지만 그래도 살아진다. 40여 년 지난 지금도 불면증으로 고생하며, 요즘은 서너 시간은 자는 편이다. 어쩌다 커피를 마시는 날엔 커피를 권한 사람을 생각하면서 홀딱 날을 샌다. 그래서 전역 이후부터 40년 이상을 커피랑 콜라, 사이다 등 일절 마시지 않게 된 이유이다.

운명의 장난질

중학교 시절 배웠던 로버트 프로스트의 '가지 않은 길'이란 시가 아직도 가슴에 남아 있다.

단풍 든 숲 속에 두 갈래 길이 있었습니다. 몸이 하나니 두 길을 가지 못하는 것을 안타까워하며, 한참을 서서 낮은 수풀로 꺾여 내려가는 한쪽 길을 멀리 끝까지 바라다보았습니다.

그리고 다른 길을 선택하였습니다.

똑같이 아름답고, 아마 더 나은 듯도 하였지요. 풀이 더 무성하고 사람을 부르는 듯하였으니까요. 사람이 밟은 흔적은 먼저 길과 비슷하기는 하였지만, 서리 내린 낙엽 위에는 아무 발자국도 없고 두 길은 그날 아침 똑같이 놓여 있었습니다.

아, 나는 한쪽 길은 훗날을 위해 남겨 놓았습니다.

길이란 이어져 있어 계속 가야만 한다는 것을 알기에 다시 올 수 없을 거라 여기면서요. 오랜 세월이 지난 후 어디에선가 나는 한숨 지으며 이야기할 것입니다. 숲 속에 두 갈래 길이 있었고, 나는 사람이 적게 간 길을 택했다고. 그리고 그것이 내 모든 것을 바꾸어 놓았다고.

지금은 수십 년이 흘러간 꿈속의 이야기 같지만, 당시는 진지하였고 나만의 가슴에 감춰진 영화에나 나올 법한 이루지 못한 러브스토리가 하나 있다.

대학 4학년 9월 초 클래스메이트인 봉순 씨 소개로 그녀를 만났다. 명동에 있는 '청솔밭'이란 경양식 집에서 첫 데이트를 하였다. 이성을 만난 경험이 전혀 없는 숙맥菽麥, 하지만 당시 소통하던 펜팔이라는 연애편지깨나 써 본 노하우는 좀 있었지만 실습은 없었기에 많이 떨렸었다. 식사하고 차를 마시며 많은 얘기를 나누고 헤어지며 용기를 내어 애프터 신청하였다. 그녀의 집은 개봉동이고 나는 화곡동 외삼촌댁에서 588 버스를 타고 왕십리에 있는 학교에 다녔다. 2호선 전철이 생기기 전.

마음 설레게 할 만큼 아름나웠기에, 그녀도 싫은 눈치는 아닌 것 같았고, 청춘들은 빠르게 정이 들었다. 영화도 보고 주말에는 춘천행 기차도 타고 남이섬 가평으로 여행하였으며, 아지트는 영등포역 앞 예전에는 없었던 경방백화점 자리 '초이스'라는 카페, 그해 가을 '참새와 허수아비'라는 신곡이 나오면서 상가에서는 연일 이 노래로 도배되곤 하였다. 이 노래는 그녀를 연상케 하는 각인된 노래라 이 노래는 애써 피하는 곡이 되었다.

외삼촌댁에도 같이 가고 그녀의 집에도 가서 부모님께 인사도 드렸다. 그녀는 구청 공무원이고 나는 졸업 앞두고 입사 준비하는 중이었으며, 11월경에 마산에 있는 굴지의 방적회사에 취업이 되었다. 중간고사 끝나고 종강하고는 시간이 많았으며, 그녀의 퇴근 시간이면 하루도 거르지 않고 데이트를 즐겼었다.

만날 시간도 별로 남아 있지 않았으며, 그녀와의 미래도 생각해 보았다. 12월 12일 입사일이었으며, 3개월간의 짧고 불타던 열정과 사랑은 얄궂은 운명의 장난 앞에 그렇게…….

입사를 위해 12월 10일 본가인 대구에 들러서 이틀 있다가 입사하는 것으로 예정하고 12월 9일 마지막 데이트를 하였다. 헤어지며 석별의 정을 나누며 편지 자주 하기로 하고 연수 후 서울 사무소로 올라오면 만나자고 하였다.

그녀가 마지막으로 나에게 이런 얘기를 하였다.

이번 주 들면서 자기 주변에서 이상한 일들이 일어나고 있단다. 직장 상사의 부인이 어제 돌아가셨고 그제는 친척 누군가 돌아가시고 그 전날은 누가 돌아가시고 매일 누군가가 돌아가신다고, 일주일 사이에 네 분이나 돌아가셔서 자기 주위에서 엑소시스트 같은 일들이 일어나고 있으니 조심하란다. 그런 일은 우연의 일치이지 엑소시스트로 받아들이는 것은 난센스라고 위로하며 그래도 서로 조심하자 하고 헤어졌다.

그날 저녁 대구 본가로 전화하여 나는 아버지와 통화하고 안부를 여쭈었다. 아버지 연세는 쉰둘이라 정정하셨고 내일 뵙겠다고 통화하고는, 다음날 아침 강남 고속버스 터미널에서 열 시 차를 타고 대구에 오후 두 시 조금 넘어 도착하였다. 대구 본가는 산격동 도로변에 있고 가게가 두 개 있었는데 이발소와 미장원을 하였다. 백여 m 앞에서 보니 대문에 초롱이 걸려 있었다. 우리 집에 중국집을 세놓았나 보다 생각하였다. 대문을 열고 들어서니 온 집안이 울음바다를 이루고 있었다.

오전 열 시경에 아버지께서 심장마비로 운명하셨단다. 아버지께서는 아침에 약속어음 받은 것이 부도가 나서 사람을 찾으러 나가셨다가 컨디션이 좋지 않아 급히 귀가하셨다가 쓰러지셨는데 응급조치를 할 사람이 집안에 아무도 없었고 대학 다니는 남동생이 학교 갔다 집에 오니 쓰러져 계셔 업고서 집 앞 병원에 갔으나 큰 병원으로 가라고 해서 택시를 잡아타고 대학병원으로 갔으나 이미 늦었단다. 나는 먼저 떠오른 것이 그녀의 마지막 말들이었다. 그녀를 만나지 않았더라면, 좀 더 일찍 집으로 내려와 있었을 것인데 놀다가 늦게 내려온 것이 용서되지 않았다. 불과 서너 달 사이에 나는 생애 최고의 행복과 최악의 불행을 경험하고 되돌릴 수만 있다면 남은 모든 행복을 걸고서라도 바꾸고 싶은 심정이었다. 오 남매 맏이에 장손으로서의 운명이… 아직도 그 삼 개월은 아쉬워한다. 삼일장 후 삼우제 지내고 입사하였다. 이 모든 일들의 죄책감에 파묻혀 헤어날 수가 없었다. 그녀도 그 소식을 나보다도 더 먼저 접하여 대학 동창들에게 연락하였단다.

결혼에 대하여 아버지와 상의드리려고 그녀의 사진도 넣어 왔었지만 부질없는 짓이었다. 아버지의 죽음으로 그녀를 받아들이기가 어려웠다. 필시 아버지께서 결혼을 막는 계시처럼 여겨졌다. 연락을 취하지도 않았다. 6개월 후에 나는 서울로 올라가서 그녀와의 관계를 정리하였다. 마지막 얘기만 하지 않았더라도 운명의 길은 변하였을는지…….

할아버지께서는 증조할머니 95세로 돌아가시고 3년을 산소 옆에 초막을 짓고 초막살이를 하셨는데, 나는 직장 다니며 그렇게 하기는 어려운 실정 일년상을 치르기로 마음먹었다. 서울로 가려고 애초 마음먹고 있었지만 그럴 필요가 없어졌다. 대구 공장으로 지원하여 본가에서 출퇴근하며 아침 저녁으로 상식을 올리고 곡을 하고 그렇게 일년상을 다 치렀다. 일년상을 마치고 나는 늘 우울한 집안 환경이 싫어서 회사에 사직서를 내고 서울행 열차를 탔다. 이천여 명의 경쟁률을 뚫고 용산에 있는 ㅌㅍㅇ이라는 화장품 회사에 공채로 입사하게 되었으며, 바쁜 일상을 보냈다. 장손이라 모친께서 결혼을 서둘렀다. 매주 대구로 불러내렸으며, 주말에 내려가면 평균 3건의 선을 보고 올라왔다. 4년여 동안 백여 회 이상 선을 보았으나 두 번 만난 사람이 없었다. 맘속 그녀를 지우지 못했기에…….

4년 후 같은 회사에서 짝을 찾았다. 주말마다 선보러 다니는 것을 알고 있었으며, 친구인 아내의 사촌 오빠가 아내를 연결하였다. 칠 년 연상이라 이렇게 맺어지리라곤 전혀 생각지도 못하였다.

불과 며칠 사이에, 천국에서 나락으로 떨어진 운명의 장난은 분명 시샘을 하던 악마의 장난질이 아닐까 생각된다. 살다 보면 인생의 길은 여러 갈래가 있을 것이며 어떠한 길을 선택하느냐에 따라 변화무상한 세상이 펼쳐질 것이다. 다시 돌아올 수도 다시 갈 수도 없는 길, 어느 길에서든 스스로 행복을 찾아야 할 것이다.

첫 직장 방적공장

없는 집안에서 서울로 대학을 보낸다는 것은 집안의 기둥을 뽑는 일이나 마찬가지다. 그나마 나름대로 열심히 공부하여 등록금 반액 장학금은 놓치지 않고 받았었다. 대학 4학년 말, HI 합섬, JI 모직, SK 합섬, KL 등이 있었지만 학업 성적 순서대로 교수님께서 먼저 의뢰가 들어온 순서대로 HI 합섬에 추천서를 써 주셨다. 추천서와 영어와 적성검사 시험을 보게 되었다.

1973년도 국내 최초 섬유 단일품목 1억 불 수출탑 산업훈장을 받은 HI 합섬에 첫 출근을 하였다. 입사 이틀 전에 부친께서 돌아가시는 바람에 생계의 바통을 그대로 이어받은 셈이다. 장례 절차 때문에 입사를 포기하고 후차순에 다시 시험을 볼까 생각했는데, 주위 어른들께서 회사에 가서 양해를 구하고 오라고 설득당하여 대구에서 마산까지 내내 울면서 버스를 타고 갔다. 동기생들은 연수를 받고 있었지만 나는 5일 정도 늦게 입사하였다. 그동안 나의 감성이 메말라 눈물이 나오지 않았다. 첫날은 그저 남의 일인 것처럼 아무런 느낌도 없이 뜬눈으로 자리를 지켰다. 다음날 아침부터 문상객이 몰려오고 눈물바다를 이루는 데도 나만 눈물이 나오지 않았다. 오늘이 입사일이라 입사 서류를 제출하지 않으면 입사 취소가 되고 만다. 주위에서 일단 서류만 제출하고 와서 상을 치르라고들 하셨다. 가장이 갑자기 쓰러지셨기에 새로운 가장이 필연적이다. 도리가 없어서 떠날 채비를 하였다. 막 나서려는데 그때야 눈물보가 터졌다. 주체할 수 없는 눈물보를 막을 길이 없다. 마산까지 몇 시간을 울며 갔다. 눈이 퉁퉁 부었다. 그 이후로 일흔이 다 되도록 드라마를 보면서도 눈물을 훔치곤 한다. 옆에서 같이 보던 사람들 민망하게…….

마산 본사에서 한 달간 연수를 받고 이제 나도 어엿한 사회인으로 첫발을 내디뎠다. "합포에 너른 들판 눈부신 일터~"라고 시작되는 사가는 수십 년이 지났어도 아직도 흥얼거린다. 지금은 합포의 공장은 아파트로 변한 것으로 알고 있다. 이 회사는 실을 만드는 방적 회사로써 섬유 단일 품목으로 국내에서 가장 큰 회사이다. 연수 후 서울 영업소로 가려고 마음먹었는데, 입사하는 날 부친상을 당한 후라 일년상을 치러야 하기에 대구 공장으로 혼자 지원하였다. 대구 공장도 삼만 평 규모에 종업원이 천여 명 수준이다. 부장이신 공장장 한 분에, 방적 1과에서 7과까지 6명의 과장이 있었으며 대졸 사원은 계장으로 입사되었다. 과별로는 전방과 후방으로 현장 주임이 4명이 주야 2교대로 운영되었다. 대졸 사원에겐 가장 힘든 방적 5과 주임으로 교대 근무를 시킨다. 이곳은 다른 과와 달리 단일 원사만 만드는 곳이 아니라 면사, 폴리에스텔, 아크릴 등 다양한 혼방사 실을 뽑아낸다.

공장장께서 숙제를 주셨다. 200페이지나 되는 원서를 한 권 주셨다. 번역을 해 오라신다. 전공 서적이어서 영어사전 단어의 뜻으로는 해석이 되지 않는다. 열흘 동안 끙끙 애를 먹고 완성하여 가져다 드렸다.

군에서 3년 동안 교대 근무를 하였는데 또 교대 근무를 하게 되었다. 군에서 얻은 지독한 불면증으로 하루에 한두 시간씩 밖에 못 자곤 하였는데, 잠자는 것이 군에서보다는 열악하다. 군에서는 잠자는 시간에는 조용하고 캄캄하게 되어 다 같이 자니 별문제가 없었는데 일반 가정에서 낮에 자는 것은 고통이다. 일단 군용 모포로 창문을 가려서 깜깜하게는 만들었으나 소음이 문제다. 온통 장사꾼들의 확성기 소리, 자동차 경적소리이며 엿장수 가윗 소리 등 다양하게 단잠을 깨

운다. 군 3년, 직장 1년의 교대 근무가 지금도 불면증으로 힘들게 한다.

출근 시는 부장, 과장, 계장은 간부 사원이라 출근 카드를 찍지 않기에 정문을 들어서면서 국기 게양대에 거수경례하고 당당하게 걸어 들어간다. 수많은 시선을 의식하며, 주임이랑 반장 호대공 직원들은 경비실에 있는 출퇴근 카드를 찍어서 근무시간을 체크하기 때문에 정문 통과가 되지 않는다.

현장 주임은 보통 나이가 40대 후반이다. 그들의 눈에는 계장이라는 소위 군대 계급으로는 소위에 해당하는 식으로 주임에서 계장 진급을 못하고 정년을 맞거나 특별한 공을 세워야 계장 진급이 되었었다. 그러니 대학 졸업하고 온 20대의 계장은 눈엣가시처럼 아니꼬울 수밖에 없었다.

맞교대하는 전방 주임도 46살이라 나보다는 20살이나 많은 삼촌뻘은 되었다. 나는 깍듯한 예의를 지켰지만 그래도 고운 눈으로 봐주지 않으며, 경험적 기술적 자문해도 쉽게 가르쳐 주지 않는다. 그래서 말단 직원처럼 그들의 비위를 맞추어서 기계들 유지 보수를 배워야 했다. 전방에만도 2천여 평 되는 공간에 수백 대의 기계가 쉴 틈 없이 돌아가며 여자 호대공 한 명이 십여 대 정도 기계를 본다.

미국에서 원면 베일이 들어오면 원면을 묶은 철태가 가로로 4개와 세로로 2개, 옆으로 2개가 묶여 있다. 베일은 가로 1.5m 세로 1m 높이 70cm 정도 된다. 철태를 도끼로 찍어서 끊으면 압축된 면 뭉치가 터지면서 높이가 2m 정도 부풀어 오른다. 이것은 한 다발 베일이 보통 500kg 정도 되니 하루 정도 두면 부피가 엄청나게 부풀어오른다. 이것을 뜯어서 솜 타는 기계에서 솜을 탄다. 몇 번을 타서 이불처럼 만들어 다시 소면 즉 얇은 이불처럼 만드는 공정으로 넘긴다.

실을 만드는 공정은 혼타면–소면–정소면–연조–정방–권사–연사 이런 공정으로 만들어진다. 혼타면 공정은 원면을 뜯어서 다른 면과 혼합하고 불순물을 제거해서 솜이불처럼 만드는 공정이다. 다음 소면 공정은 솜이불처럼 생긴 면을 떡가래처럼 뽑아내는 공정이고, 정소면 공정은 떡가래 굵기의 면을 연필 굵기로 뽑아내고, 연조 공정에서는 연필 굵기의 실을 여러 가닥 꼬면서 실의 굵기로 만들어 가며 그 다음 정방 공정에서는 실다운 굵기로 만들고 권사 공정에서 실의 형태를 갖춘다. 연사 공정은 번수에 맞게 합사하여 꼬아서 상품으로 만든다.

전방과 후방으로 구분하는데 전방은 연조까지의 공정이고 후방은 실만 다룬다. 전방은 근무 환경이 상당히 열악하다. 솜을 다루기에 솜 타는 공장을 생각하면 똑같다. 날아다니는 솜먼지로 작업자는 눈사람이 된다. 마스크를 쓰고 일을 하지만 코를 풀면 실이 만들어져 나온다. 물론 바닥 땅속으로 닥트 시설이 잘되어 있어 비산 면들을 닥트 속으로 다 빨아들인다. 닥트 청소하러 닥터 속으로 들어가면 닥트 안의 바닥에 솜이 1m씩은 쌓여 있다. 솜은 화약이나 마찬가지다. 고려시대 최무선 장군이 만든 것이 면화약일 것이다.

작은 불씨 하나에 공장을 다 태워 버릴 수 있다. 예전에 윤성방적 화재처럼 무섭다. 그 큰 공장이 화재로 역사 속으로 사라졌다. 화재 관리를 철저히 하지만 불가항력이다. 내가 근무할 때도 옆 3과에서 소면기 하나 태워 먹었다. 500rpm 고속으로 톱날을 단 지름 1.2m 드럼이 돌아가는데 못 조각 하나 들어가면 불이 나고 만다. 얼른 닥터를 꺼야 불씨가 닥터 속으로 빨려 들어가지 않는다. 불씨가 닥터 속으로 빨려 들어가면 윤성방적처럼 홀라당 타버린다. 현장 주임은 천여 평 공장 내를 돌아다니며 기계가 서 있는지 고장 유무 등을 점검한다. 기계가 서면 자동으로 기계에 불이 들어온다. 불이 들어온 곳이 많으면 생산량이 떨어지므로 부지런히 쫓아다녀야 했다. 실이 끊어져도 서고 고장나도 서고 정신없다. 눈썹이고 머리고 온통 눈사람이 되어서.

한번은 이런 사고가 생겼다. 신입 호대공이 면사를 만드는데 폴리에스텔 원면을 한 시간 동안 모르고 집어넣은 것이다. 한 시간 동안 작업물을 다 버릴 수가 없는 엄청난 양이다.

이것은 현장 주임이 어차피 해결해야 할 상황이다. 공장장에게 알려져 봐야 욕만 먹게 되고, 그래서 철저히 입단속을 시켰다. 공장장은 현장에 정보원을 두고 있다. 현장 주임과 과장이 모르는 일도 공장장이 먼저 알고 와서 호통을 친다. 일단 담당 호대공과 조장과 나만 알고 아무도 모르게 하였다. 작업된 캔을 모두 고무 띠를 감아 뒤로 피드백시켜서 한 기계에서 더블링을 시켰다. 다음 반 주임에게도 사정 얘기를 하여서 계속 피드백시켜서 이틀 동안 작업하여 폴리에스텔 함량을 0.1%까지 낮췄다. 다행히 이것은 A/C(아크릴/면 혼방)사로 군복을 만드는 실로 수출될 것이었다. 자외선 검사에 서도 폴리에스텔이 섞인 것이 표시 나지 않고 통과되었다.

고속으로 회전하는 톱날에 손가락 절단 사고 등 엄청난 사고들이 도사리고 있는 80년대의 작업 환경이었다.

현장의 호대공들은 전부 여사원이다. 중학교를 졸업하고 공장에 부속된 여자 실업고등학교를 다니거나 고졸 여사원들이며 나이가 스물댓까지 있었다. 그리고 기계를 고치는 기사들이 한 팀에 3명 그리고 주임이 팀장이다. 대졸 계장은 선망의 대상이다. 나도 부설 HI 여자실업고에서 일주일에 10시간 강의를 하였다. 눈코 뜰 새 없이 바쁘다. 회사 일도 하고 강의도 하고 시험 기간 되면 문제도 출제하고 정신없이 돌아간다.

열악한 근무 환경에 일 년 만에 손을 들었다. 가슴이 아파왔다. 폐병이 오는 것 같았다. 눈까풀이 깜박깜박한다. 솜들이 항상 눈에 들어가니 이것도 병이 되는 것 같았다. 건강이 극도로 나빠지는 것 같아 사직서를 내고 서울로 올라갔다.

루체른 호수의 백조

1990년쯤 패션 회사 사업부장으로 근무하였다. 당시에는 많은 회사에서 독립채산제 형태로 운영하였다. 한 사업부문에서 독자적인 책임 아래 수익을 창출하고 비용도 스스로 부담하는 소사장제로써, 사업부장이란 책임 경영자를 말한다. 제화 회사에서 의류 사업을 시작하면서 스카우트되었다. 여성복과 남성복은 2, 3년 전에 브랜드를 내놓았고, 캐주얼 의류와 아동복은 나 혼자부터 시작하였다. 회장실 앞에 내 책상 하나를 놓고 사업은 시작되었다. 사업을 하기 위해서는 조직을 먼저 구성하여야 했고, 기획팀 디자인팀 생산팀 영업팀 마케팅팀 등 이러한 조직을 구성하고, 어떤 상품을 얼마만큼 만들고 몇 개의 매장을 개설하고 모든 전략을 수립하고, 전직 회사가 패션 사관학교라 불리던 NN에서 하였던 일이라 큰 어려움은 없었지만 인력 채용이 난제였다. 기획팀 마케팅팀 등은 S, K, Y대에서 우수한 인력을 채용하고 디자이너 생산 영업팀들은 스카우트해 와야 했다.

홍콩에서 '지오다노'라는 브랜드와 생산 계약을 맺고 국내 처음으로 '지오다노'와 '보시니'라는 브랜드 상품을 선보였다.

그 후 '프리랜스'라는 브랜드로 이름을 지었으며, 보시니 공장에서 OEM방식으로 생산하여 들여왔다. 캐주얼이 자리 잡으며 아동복 '꼬망'도 론칭하게 되었다. 두 개 브랜드 사업부장을 맡아서 수차례 홍콩 일본을 다녀왔다. 그 후 3년 뒤 여성 의류 사업부장으로 자리를 옮겼다. 여성복은 국내 4대 브랜드에 진입할 정도로 성장하였다. 여성 의류는 유럽의 최고급 소재를 수입하여 이탈리아와 파리 패션에서 모티브를 따왔다. 90년 중반 MD랑 디자이너를 데리고 보름간 유럽 출장을 다녀왔다.

이탈리아의 세계적 소재 패션쇼 '이데아 비엘라'를 참관하고 각 업체별로 마련된 소재 부스를 돌면서 소재 업체들과 상담을 통해 당해 연도에 필요한 원단 구매 계약을 체결하였다. 쇼장 안에는 전 세계적으로 날고 기는 디자이너들이 즐비하였다. 쇼장 한편에는 간식으로 치즈 덩어리를 마련해 두어 누구든지 오가면서 한 줌씩 뜯어먹었다. 쇼장은 이탈리아

피렌체 북부에 바다 같은 호수가 있는 꼬모라는 곳인데 스위스와 가까운 국경 부근이었다. 꼬모에서의 일정을 마치고 피렌체에 있는 가죽 만드는 공장들을 방문하고 가죽들을 주문하였다. 밀라노로 이동하여 두오모 대성당을 방문하였다. 건물 하나를 세우는데 수세기에 걸쳐서 새웠기에 웅장하기가 비교를 불허한다. 성당 앞 피자집에서 피자로 식사하였다.

주말에는 일정이 비어 있기에 아침부터 우리 일행 디자이너 둘, MD 둘과 나, 이렇게 다섯이 스위스 중부에 위치한 루체른행 열차에 올랐다. 열차 안은 텅 비어 있었다. 객차 안에는 우리 일행 밖엔 없었다. 얼마 후 국경 검문소에서 검문을 마치고 알프스를 관통하였다. 가져간 캠코더로 차장 밖의 이국적인 풍경을 열심히 담았다. 다른 직원들은 카드 게임을 하며 여행의 묘미를 즐겼다. 창밖 이탈리아의 풍경은 우리나라와 흡사한데, 국경을 넘자, 스위스의 풍경은 그림 같다. 소들이 한가로이 풀을 뜯는 잔디밭같이 모두가 인공적으로 정리정돈이 잘 되어 있었다.

루체른 호수에는 우아한 백조들이 노닐고, 베토벤의 월광소나타가 여기에서 탄생하였다고 한다. 백조는 거위보다는 좀 크게 보였지만 사람들과 친숙하여 과자 부스러기 등 잘 받아먹었다. 바다처럼 넓은 호수에 유람선이 떠 있고, 멀리 만년설이 쌓인 곳이 그 유명한 융프라우라고 한다. 일정상 그곳에 오르기에는 시간이 부족하였다. 스위스 노인들은 호수 주변에 삼삼오오 모여 당구공 같이 생긴 큰 쇠구슬로 구슬치기하고 논다.

그다음 일정으로 프랑스 파리로 이동하였다. 파리에서 개최하는 세계 최고의 권위를 자랑하는 '쁘리미르비죵'이라는 패션쇼는 다음해 세계 패션의 흐름을 제시하는 쇼이다. 국내 브띠끄 업체 앙드레김 김창숙 등 국내 많은 디자이너도 함께 관람하였다. 주말에는 도심 관광버스를 타고 에펠탑, 개선문 등 여러 곳을 돌아보았다. 몽마르트르 언덕에 올라 파리 전경을 내려다보고, 길거리 화가들은 관광객들에게 인물화를 그려준다. 피카소와 같은 미술 거장들이 방문하였다는 카페에 들러 옛 예술가들의 삶을 들여다보았다. 보름간의 유럽 출장으로 지구 반대편 사람들의 생활상을 엿보는 좋은 계기가 되었다.

도원결의 桃園結義

심혈관 질환이라는 가족력으로 운동과 연을 맺게 되었다.

그 결과 보는 사람마다 10년은 젊게 보며, 어떻게 그렇게 피부가 투명하냐는 질문이다. 답은 먹는 것과 운동이다. 담배는 서른에 끊었고 술도 원래는 술고래였지만 결혼하면서 술도 줄이고 과장, 부장 진급하면서도 차량을 핑계로 술을 거의 마시지 않고 카드만 주고 내뺐다. 채식주의자이며 커피, 녹차, 사이다, 콜라, 주스 등 음료 일체도 안 마시고 물만 마셔 왔다.

20대부터 산행하기 시작하였다. 방학동에서 하숙할 때 휴일에는 하숙집 방에서 빈둥대기가 민망스러워 주일마다 뒷산인 북한산에 오르곤 하였다. 등산복도 등산화도 없으니 남방셔츠에 운동화를 구겨 신고 인수봉을 오르곤 하였다. 별식으로 도봉산 수락산 불암산도 가끔 도전하였다. 서초동 뱅뱅사거리에 있는 'NN'이라는 직장을 옮기고 과천으로 이사하였다. 그때부터는 관악산이 나의 주요 놀이터였으며, 가끔씩 청계산을 등정하였다.

주일 아침에 성당 가서 미사 드리고 11시쯤에 관악산에 오르면 점심은 연주암에서 절밥을 얻어먹었다. 절밥은 꼭 불교 신도만을 위한 것이 아니고 모든 등산객에게 제공하는데, 나는 꼭 훔쳐 먹는 것처럼 마음을 졸여 가며 얻어먹었다. 등산 후 절밥은 그렇게 맛있었다. 단무지 하나로 물을 부어 깨끗이 닦아 마셨다. 연주암에서는 주일마다 쌀 한 가마니 정도의 밥을 한다고 들었다. 예물은 성당에 내고 밥은 절에서 얻어먹으니, 맘은 편치 않았다. 그렇다고 시주를 내기도 모호하고…….

30년간의 서울에서의 일과 관계와 연들을 모두 접고 귀향을 선택하였다. 2005년도 구미로 귀향하면서 이제는 금오산을 나의 놀이터로 만들었다. 휴일 아침 6시에 출발 7시에 정상 도착 30분 정도 휴식하고 하산하여 집에 와도 9시가 안 된다. 976m 금오산도 휴식 한번 없이 50분이면 오르곤 하였다. 해마다 줄기차게 일 년에 40회 정도 나 홀로 산행을 즐겨 왔다. 인간의 한계에 와닿는 정신력과 체력 한계의 고통을 즐졌다. 귀에서 흐르는 음악만 있으면 모든 근심 걱정은 사라지고 무념무상無念無想으로 오롯이 물아일체物我一體된 벌거벗은 몸뚱이만 거친 숨 몰아치며 헉헉댐만 존재한다.

2008년경 체육관에서 산삼 캐러 다니는 친구를 만나 약초산행을 3년 정도 하였다. 산삼도 한두 뿌리 캐고 더덕, 산도라지, 지치, 버섯 등을 캐러 일월산 소백산 줄기 피반령 봉화 영주 예천 연풍 삼도봉 구봉산 등으로 돌아다녀도 보았다. 약초 산행은 또 다른 매력이 있었다. 길이 아닌 곳으로 다니기에 온갖 뱀과 멧돼지 말벌과 온갖 위험이 도사리고 있다.

2012년 겨울 인근에 사시는 장○○이라는 분이 체육관에 운동하러 왔다. 누구에게도 그러하듯 운동에 대하여 기초 지식을 자세하게 교육하여 주었는데 저녁에 술 한잔하자는 것이다. 나는 운동하는 사람이기에 술을 마시지 않고 마실 시간도 없다고 거절하였다. 끈질기게 설득하였다. 구미로 내려와서 친구가 없다. 친구를 만날 시간도 없고 매일 밤 10시는 되어야 퇴근하고 오전 6시에 출근하여야 하기에 술 한잔하기도 어려운 실정이기에 친구를 사귈 수도 없었다. 그런데 장사장이 술 한잔하자고 내가 퇴근하는 시간에 오겠다고 한다. 아침 일찍 출근하기에 차를 가져가야 하는데 그렇게 해서 나의 철칙은 무너졌다. 나는 원래 술을 많이 먹어도 표가 안 나는 체질이다. 열 시에 만나서 1시까지 많은 이야기를 하였다.

10여 년 만에 처음으로 술답게 마셨던 것 같았다.

이야기 중 산행 이야기를 하게 되었는데 자기도 매주 금오산에 오르니 같이 산행 한 번 하자는 것이다. 나는 워낙 혼자 다니기를 좋아하고 동행은 좋아하지 않는다. 나의 산행은 전투적인 운동인데 동행은 놀이로 변질되기 쉽고 개념조차 달랐기 때문에 망설였다. 홀로 산행은 물 한 병만 가지고 다녔지만, 동행은 각종 음식과 하산하면 술 한잔 하는 문화로 변질되었다. 다섯 명이 모였는데 35살 노총각 별칭 찰스라는 친구와 39살의 중학생 딸과 3남매를 둔 노 총무는 현재 투자연구소를 하시는 장 소장의 전 직장 후배이며 레이더 포탄 무기를 만드는 회사에 다니며, 43세의 우리 체육관에서 운동하는 중장비 기사 별칭 채 선사와 51세의 장 소장과 56세의 나, 그렇게 멤버가 구성되었다. 직업과 나이 성장 방식 학력 등 공통분모가 없는 색다른 조합의 멤버가 구성되었다.

2012년 겨울부터 첫 산행을 하게 되었다. 이런 산행은 수많은 이야기와 웃음과 술과 음식이 있었다. 나와는 전혀 어울리지 않는 문화였다. 2013년 봄 금오산 등정 후 하산하면서 금오지 변의 한 선술집 마당의 벚꽃이 만발한 나무 벤치 그늘에서 우리는 도원결의桃園結義하였다. 나는 도량동에 살았고 장 소장과 채 선사 찰스는 원호동, 노 총무는 봉곡동에 살았기에 동의 첫 글자를 따서 모임의 명칭을 '도원봉'이라고 지었다.

비가 오나 눈이 오나 바람이 부나 매주 금오산 등정을 하고 매월 1회는 원정 산행을 하기로 하였다. 속리산, 소백산, 황매산, 가야산, 백화산, 덕유산, 민주지산, 비봉산, 비슬산, 천생산, 유학산, 지리산, 주왕산, 태백산, 팔공산 계절 따라 꽃 따라 낙엽 따라 눈 따라 이야기와 함께 많이도 다녔다.

산행하고 나면 산행일지를 서로 돌아가면서 적어 밴드에 올리곤 하였다. 혼자 가면 빨리 가고 함께 가면 멀리 간다는 얘기처럼 하루에 16시간의 산행도 하였다. 운동 개념에서 야유회 개념으로 변질되었다. 산행 때마다 가져갈 음식을 걱정해야 하고 무리한 일정에 30km 가까이 되는 산행도 소화하였다.

2014년 태백산 일출 산행은 12월 31일 밤 10시에 출발하여 태백산 입구에 3시 반쯤에 도착하여 가져간 대형 가스버너에 라면을 끓여 먹고 4시부터 올랐다. 인산인해란 말처럼 두 줄, 석 줄 줄지어 헤더 랜턴을 켜고 오른다. 정상 참성단에 오르니 6시밖에 되지 않았다. 체감온도 영하 30도에서 그냥 서서 7시 40분까지 기다리는 것은 지옥 속에 던져진 그 자체였다. 땀에 젖은 속옷 양말에 발가락이 얼어 감각이 없어져 간다. 사진을 찍느라 장갑을 단 5초도 벗을 수가 없었다. 지금도 겨울이면 동상으로 고생한다. 나는 죄인이 되었다. 새해 태백산의 정기를 받으러 가자고 제안을 하였기 때문에…….

산행하면서 우리는 산행 일기는 물론이거니와 시를 읊고 시조도 읊고 하다가 시를 쓰게 되었다. 체육관에서 운동 오시는 분 중에 여선생님이 계셨는데 알고 보니 채 선사와 초등학교 동창이라고 하였다. 시 문학에 조예가 깊고 낭송가로도 활발하게 활동하면서 시 창작도 가르치신다기에 그동안 내가 써 온 시를 보여 주었다. 훌륭하다는 얘기에 자신감을 얻었다. 운동 오면 질문도 많이 하고 가르침을 받았다. 글의 맥락, 기승전결, 조사(은는이가 등) 선택, 그리고 기성 유명 시인들의 시를 많이 읽으라는 조언을 들었다.

장 소장은 신춘문예에 많이 도전하고 있다고 하며 얼마 전 지필문학에서 등단하였다고 소식을 전해 왔다. 나도 용기를 얻어 15년 가을에 대한 문학세계와 지필문학에 응모하였다. 두 군데에서 신인문학상 입상 통지가 왔다. 한 주 간격으로 같이 등단하게 되었다.

그동안 방치하였던 시골집이 홀로 계시던 할머니 돌아가시고 온갖 풀로 사그랑이 되어 가는 것을 두고 볼 수가 없어서 산행의 노동력을 농사일에 쓰려고 맘먹었다. 4년 전부터 농사일에 몰두하면서 각자 다른 길을 가고 있다. 산행의 참맛을 잃어버리고 어쩌다 한 번 산행하려고 연락하면 모두가 다른 일정으로 함께하지 못하고, 이젠 나 홀로 산행의 참맛도 잃어버리고 산행 자체를 잃어버렸다. 요즘은 일 년여 트럼펫에 심취하여 글쓰기도 소홀하였다.

공학을 전공하고 패션업에서 20년을 근무한 후, 제2의 직업으로 운동을 가르치고 요즘은 등산은 접고 휴일엔 주말 농부로서 4년째 살고 있다. 여가를 이용하여 붓글씨도 써 보고 시와 수필을 쓰고 요즘은 가장 힘들다는 악기인 트럼펫에 1년 반 독학, 너무 힘들어 한 달 정도 색소폰으로 갈아탔다가 그동안 들인 공이 아까워 다시 트럼펫에 매달려 본다. 트럼펫은 소리 내는 데만 며칠이 소요되고 도레미를 내는 데도 한 달이 걸린다. 세 개의 누르는 피스톤으로 바람의 빠르기 강약으로 50음을 내어야 하기에 아직도 헤매고, 입술 근육이 약해 고음에서 바람이 세고, 제대로 된 앙 부셔를 못 잡아 애를 먹고 있으나, 반면에 색소폰은 하루면 도레미가 가능하고 이틀이면 동요도 가능하며 한 달이면 쉬운 곡은 충분하다. 음악이론에 열공하고 있으며, 아이들이 어릴 적에 배우던 피아노가 수십 년을 잠자다 요즘은 제가 건반을 두드려 본다. 아직 도전하지 못한 분야는 미술이다. 나의 특기는 도전 정신이다. 언젠가는 그림에도 도전하는 날이 오겠지. 생은 도전의 연속이다. 도전이 멈추는 날 생도 같이 멈추겠지.

억척 우리 어머니

목은牧隱 이색, 월남月南 이상재 후손인 한산 이씨 가문 10남매 중 여섯째이며 셋째 딸로 태어나셨다. 선산 연흥이라는 곳이 고향이며 대단한 양반집 가문이라고 자랑하셨다. 한산 이씨라 하면 산천초목이 벌벌 떨었다고, 아버지께서는 누가 낫으로 벨까 봐 떨었겠지라고 농으로 받으시곤 하셨다.

우리 집안은 선산 일선 김씨로 성리학 영남학파의 종조인 점필재佔畢齋 김종직 선생의 후손으로 유교적 사상이 투철하다. 아버지는 6·25 참전하시고 제대하면서 7촌 재종숙댁으로 양아들로 들어가셨다.

이곳 여지라는 곳에서 부모님께서 혼인하시고 어머님은 이곳으로 꽃가마 타고 신행을 오셨다고 한다. 자손이 귀한 집안이라 내가 태어날 때는 마을 3동이 떠들썩하였다고 한다. 나는 5대 종손으로 태어났으니 증조모님의 사랑을 독차지하였다. 친손녀인 고모보다도 더 많은 사랑을 받았다. 내가 일곱 살 되던 해 부모님은 맹모삼천지교孟母三遷之教를 실천하기 위해 고향을 떠나 대구로 이주했다. 시골집은 쌀밥을 먹는 부유한 집안이었으나 아버지는 살림살이 세간 하나 없이 맨몸으로 떠났다.

시골서 농사만 짓다가 도시 생활은 녹록지 않으셨다. 아버진 얼음 공장에서 일하셨다. 여름에는 눈코 뜰 새 없이 바쁘고 겨울에는 일거리가 없었다. 한 달에 쌀 한 말 값인 2,600원을 받았는데 다섯 식구 입에 풀칠하기도 힘들었다. 어머니는 도시 근교 논밭으로 품삯 일도 하고 배추 뽑고 버린 잎을 주워 와서 시래기 갱죽, 등겨 죽을 자주 끓여 주셨다. 배추에 쌀알 보리알 몇 개 둥둥 떠 있는 갱죽도 양껏 먹을 수가 없는 실정이었다. 정말로 거지처럼 험하게 먹고 살았다. 얼음 공장 옆에 천주교 성당이 있었는데 아버지가 그곳에서 구호품으로 나온 강냉이 가루를 배급받아 오셨다. 그 덕에 온 가족이 성당에 나가게 되었다.

어머니는 내가 학교에 들어가서 대학 졸업할 때까지 학교에는 한 번도 오지 않으셨다. 학교에서 선생님의 호출 때도 내가 얘기를 하지 않았다. 창피하다고 생각했었다. 초등학교를 세 군데나 다녀서 친구가 없는 내성적이고 수줍음이 많은 아이로 자랐다.

어머니는 보따리 장사를 하셨다. 옷을 떼어다 보따리에 싸서 머리에 이고 온동네를 다니며 팔고는 저녁때가 돼서야 돌아오셨다. 그 덕에 내가 동생들 밥을 챙겨야 했다. 반찬은 김 한 장으로 4토막 나누어 조금씩 찢어 간장에 찍어 먹었다. 나중에는 어머니가 드럼통으로 만든 무거운 철냄비, 프라이팬도 이고 다니며 장사하였다.

당시 프라이팬은 드럼통을 찍어서 만들었는데 이것을 깨끗이 닦아야 했다. 그래서 매일 집에 오시면 밤새 철 냄비를 닦으셨다. 연탄재와 새끼줄로 윤기가 반들반들 나게 닦아야 잘 팔리기 때문이다.

여동생이 태어나고도 그 일을 계속하였다. 동생을 업고 다니며 일을 하였기에 동생 옆구리에 욕창이 생겨 구멍이 뚫려서 입으로 빨아내고 고약을 붙였다. 지난 아버지 기일 날 사위가 그 얘기를 듣고 하자품을 시집보냈으니 물려 달라고 하여 어머니가 보증기간이 지났다고 하여 한참을 웃을 수 있었다. 다른 어머니들에 비해 생활력이 무척 강한 어머니. 물론 어려운 환경에서 다섯 자녀 먹여 살리려고 하다 보니 그럴 수밖에 없었을 것이다. 보리쌀은 한번 삶아서 광주리에 매달아 놓았다가 쌀을 조금 넣고 밥을 하곤 하였는데 쥐가 많아

빨랫줄 같은 곳에 밥 광주리를 매달아 놓았다. 여름날엔 아침에 한 밥이 저녁때면 쉬어서 못 먹는다. 그러나 어머니는 깨끗이 씻어서 먹곤 하였다. 심지어 남들이 쉬어서 버릴 밥도 얻어와 씻어 먹곤 온 가족이 배탈이 나기도 하였다. 나는 어머니 성격을 이어받아 뭐든지 아끼는 습성과 뭘 먹어도 못한 것부터 먹는 습성이 있다. 할머니도 농사를 지어서 제일 못생긴 것 다 썩어서 못 먹을 성 싶은 것은 어머니와 나를 주고 좋은 것은 고모나 동생들 주곤 하였다.

어머닌 나중에는 산통이라는 계를 많이 하였다. 12명이 계를 넣어 먼저 타는 사람은 이자가 많고 나중에 타는 사람은 적게 붓는 형식이며, 맨 마지막 번호는 계주가 타게 되어 있다. 그런데 내 친구 삼촌이 맨 먼저 타 먹고는 울릉도로 도망을 가버려서 산통이 깨졌다. 40여년 만에 내 친구를 만났는데 그 친구는 아직도 그 일을 마음의 빚으로 갖고 있었다. 오랜만에 만난 친구는 시 공무원이었는데 일 년 후 갑자기 세상을 떠났다. 어머닌 마흔아홉에 혼자되셨는데, 내가 대학 졸업할 무렵이고 줄줄이 학교 다니는 자식들을 남겨두고 아버지가 돌아가셨다. 맏이로서 나는 아버지에 대해 죄스러운 마음과 그리움과 원망하는 마음이 공존하고 있다. 다섯 자식 출가하는 것도 못 보시고, 열 손자 손녀 태어나는 것도 못 보시고, 증손자 손녀 태어나는 것도 못 보시고 그저 안타까울 뿐이다. 아버지의 목까지 어머니께서 고생하셨다. 맏이에게는 항상 마음에 빚을 지고 사셨다.

자식들 다 떠나고 어머니는 집을 지키며 나이를 속여 가며 카펫 만드는 공장에서 잡일을 하셨다. 적은 돈이 모일 때마다 큰아들에게 몰래 준다. 여동생 둘은 동시에 쌍둥이들을 낳았는데, 맞벌이하기 때문에 아이들 봐주기 위해 상경하셨다. 구순 나이에도 같이 안 사시겠다고 딸네 집 부근에서 독거 생활하고 계신다.

나는 명퇴하고 불황으로 사업 실패하여 모든 것 정리하고 고향 근처인 구미로 내려왔다. 쌍둥이들도 고등학교에 들어가고 어머니는 팔순이 넘으셨는데 큰아들 집으로 합치자고 하여도 서울에서 사시겠단다. 전단지도 떼고 공병도 주우시고, 낮엔 복지회관에 가셔서 노래도 하고 춤도 추고, 거기서 밥도 먹고 그렇게 사시겠단다. 큰아들에 대한 마음의 빚 때문에…….

김 한 장의 추억

이른 아침 식탁 위에 생김 한 접시
밥 한 술에 김치 얹어
입에 넣으려는 순간
뇌리에 스치는 아련한 추억들

증조할머니 밥상에만 올려져 있던
갓 구운 김 한 접시
귀여운 손주에게
흰 쌀밥에 사랑 듬북 싸서
입에 쏙 넣어 주시던 그때가 어렴풋이
반세기 지났건만 눈에 아련히
할머님 사랑을 느껴 봅니다.

지지리 궁상맞고 어렵던 시절
어머니는 막내 둘러업고
보따리 머리 이고 장사 가시고
남겨진 자식들 점심때에
김 한 장 꺼내어 네 등분하여
꽁보리밥 한 숟갈에
손톱만큼 잘라

간장 콕 찍어서
동생 한 입, 내 한 입
김 한 장의 추억이
주마등처럼 스쳐 지나간다.

꿈결엔들

지그시 눈 감으면 떠오르는 옛살비 마을
자드락길 따라 애두름 한숨에 오르니
갈 기슭은 아직도 눈에 선하네

사립짝 들면 담벼락 햇살 바른 터알엔
옹긋옹긋 보랏빛 도라지꽃
헤벌심 곱기도 하여라

아래채 시렁 반닫이엔
한창나이 하늘 가신 아버지 저고리만
그 짧고 고단한 삶의 내음 고이 머금고
나달의 먼지 쓰고 사그랑이 되어가네

그즈음 애동대동하시던 어머닌
잉큼잉큼 뛰는 가슴 억누르며
사립짝 저 아래 샘이 깊은 우물에서
월형청풍덩 두레박 한가득
응어리진 나달의 덧 건지려 애를 쓰누나

옹기 동이 한숨 가득 똬리 없어 머리에 이면
흘리는 물 눈물인지 동이 물인지 연신 훔치며

그리움과 외로움에 한숨으로 두멍 채울 때
뒤란 대숲 우듬지 뫼비듥이도 임 그리듯 애절코나

자드락 비 한바탕에 봄꿈처럼 흩어지니
꿈결엔들 어이 잊으리 울 어머니 그 곱던 즈음
그땐 미처 몰랐습니다. 홀로 지샌 그 외로움을.

● 순우리말

옛살비 : 고향
자드락길 : 낮은 산기슭에 비스듬히 나 있는 좁은 길
애두름 : 낮은 언덕
갈기슭 : 갈대가 무성한 비탈을 뜻하는 순우리말
사립짝: 잡목의 가지 같은 것으로 엮어 만든 문짝
터알 : 집의 울 안에 있는 작은 밭.
옹긋옹긋 : 키가 비슷한 사람이나 크기가 비슷한 사물들이 모여 솟아 있거나 볼가져 있는 모양.
헤벌심 : 입 따위가 헤벌어져 벌쭉한 모양.
시렁 : 물건을 얹어 놓기 위해, 방이나 마루의 벽에 두 개의 나무를 가로질러 선반처럼 만들어 놓은 것
반닫이 : 책이나 유기를 보관하던 가구의 일종
나달 : 흘러간 시간, 즉 세월의 순우리말
사그랑이 : 다 삭아서 못쓰게 된 물건
애동대동한 : 매우 앳되고 젊다
잉큼잉큼 : 가슴이 가볍게 자꾸 뛰는 모습.
월형청풍덩 : 두레박이 우물에 떨어지는 소리
똬리 : 짐을 머리에 일 때 머리에 받치는 물건.
두멍 : 물을 길어 담아 두고 쓰는 큰 가마솥이나 큰 독.
뒤란 : 집 뒤에 울타리 안.
우듬지 : 나무 맨 꼭대기 줄기
뫼비듥이 : 산비둘기
자드락비 : 땅바닥을 두드리는 소리가 들릴 정도로 거세게 퍼붓는 비

제9회 전국시인대회 '순우리말 글짓기' 장려상 수상(2016, 대한문인협회)

잃어버린 외삼촌

몇 년 전 현충일이었다. 그날 기적 같은 일이 일어났다. 아직은 100% 단정하기는 이르지만 거의 확실해 보인다. 어머니는 10남매 중, 6남 4녀 여섯째이며 셋째 딸이다. 그땐 대부분 가족이 형제가 많았었다. 사촌 형제도 10남매, 우리 형제는 5남매, 이처럼 대가족을 형성하고 살았다. 전쟁통을 겪어 오면서 수백만 국민이 희생되었으며, 가정마다 눈에는 보이지 않아도 가슴속에 맺힌 수많은 아픔이 존재하고 있을 것이다.

여든일곱 어머니에게도 그리워하셨던 오빠가 있었다. 둘째 오라버니가 그토록 자상하시고 잘 대해 주셨다는데, 6·25 때 참전하시고 돌아오시지 못해 늘 그 오라버니를 그리워하시며 어린 저희들에게 말씀해 주시곤 하였다. 전쟁이 날 당시 둘째 외삼촌은 경찰이었다고 한다. 형제간 중에서 가장 잘생기고 인정도 많으시고, 군에 가면 죽는 것이 당연시되었던 터라 할아버지께서 말리셨다는데 가신 지 얼마 되지 않아 소식이 끊어졌다고 한다.

전사 통지서도 받지 못했다. 어쩌면 북녘땅에 억류되어 있는지 알 길이 없다. 월북했을지도 모른다는 의심의 꼬리표만 단 채 정부의 남모를 감시도 당하였단다. 예전에는 연좌제가 있어 그 집안에 월북한 빨갱이가 있으면 공무원과 같은 고위직에 나가는 데는 걸림돌이 되었다.

몇 년 전 설날, 어머니께서 대구 사는 두 살 위이신 외삼촌 댁에 가자고 제게 조르셨다. 손위 오라버니에게 큰절을 하는 것이다. 나는 의아해하였다. 팔순이 넘은 노구에 두 살 터울 오라버니에게 큰절이라는 게 납득되지 않았다. 부모가 안 계시니 오라버니는 부모와 같다고 말씀하시며 부모께 절 드리는 마음이라고 말씀하셨다. 그 외삼촌도 그 이듬해 돌아가시고 그 이듬해 밑에 남동생도 돌아가시고 한 세대가 그렇게 마감되어 간다.

외가의 십 남매 외삼촌 이모님들도 이젠 많이 돌아가시고 우리 어머님이 서열 일 위가 되고 밑으로 이모 한 분과 외삼촌 두 분만 생존해 계신다. 우리 집에도 오 남매 중 맏이인 제가 IMF 이후 마흔다섯에 명퇴할 무렵, 막내 여동생들 둘 다 남매 쌍둥이를 낳았다. 둘 다 맞벌이를 하는 통에 아이들 넷을 보아줄 사람이 없어 대구에서 혼자 계시는 모친께서 대구 살림을 정리하고 서울로 올라오시기 전까지 내가 두어 달 된 핏덩이 넷을 봐주기로 하고 우리 집에서 한 달간 봐준 적이 있었다.

분유 타서 온도 맞추어 먹이기, 기저귀 갈아주기, 씻어주기, 잠재우기, 놀아주기 등 넷을 본다는 것은 참으로 힘든 일이었다. 한 애가 울면 동시에 다같이 운다. 이러한 계기가 이 아이들이 자라고 외갓집을 참 좋아한다. 명절 때만 되면 저들 차례 지내고 외갓집 가자고 조른단다. 이 아이들이 커서 대학 들어가고 군에 가고 하였다.

지난 5월 어느 날 막냇동생 아들이 군에 갔다는 소식을 들었다. 멀리서 살다 보니 소식도 나중에야 알게 되었다. 엊그제 현충일에 아들에게서 소식이 왔단다. 부대에서 가족 친지 중에 6·25 때 돌아가신 분들이 있는지 조사를 하였단다. 그래서 모친에게 물어 보니, 외삼촌 한 분이 6·25 때 행불되었다는 얘기를 해 주었단다. 부대 상사에게 할아버지의 성함을 알려 주고 전쟁기념관 홈페이지에서 그 이름을 검색해 보니 두 명이 나왔는데 한 분은 강원도 태백 출신이고, 한 분은 대구 태평로 99번지로 나와 있었단다.

이 두 번째 분이 모친보다 네 살 위인 1930년 4월 1일 생이고, 1951년 1월 11일 전사자로 등록되어 있고, 유골은 찾았는지 등은 아직 알 수 없고, 육군 직할 제1 훈련 부대 소속이며 군번 127216 일병으로 나와 있으며, 명 비 위치는 125-ㅋ-006으로 나와 있었다. 외삼촌들이 혹시라도 찾을 수 있을지 십여 년 전에 대구와 대전현충원에 수소문해 보았으나 찾지 못하였다고 당시 때어 놓은 제적 등본을 제게 보내왔다.

제적등본 상에 둘째 외삼촌의 출생 연도가 소화昭和 5년 4월 1일壹로 되어 있다. 일제강점기 소화 5년은 1930년이다. 틀림없는 외삼촌이 맞는 것으로 판단되었다. 먼저 군부대에 외할아버지와 외할머니 성함과 주소를 통보하였다. 지금은 코로나19로 모든 기관이 정상적이지 못하다. 전쟁기념관도 문 닫은 상황이고 어머니, 외삼촌의 유전자 정보를 등록하고 일치된 정보가 나오면 국립 현충원으로 모시고 전사자로 인정이 되고 국가 유공자로 지정이 된단다. 막냇동생이 어머니 모시고 DNA 검사하기로 하였단다. 2003년 6월 5일 대전 현충원에 위패가 봉안되었다는 기록과 위패 번호와 위치가 기록되어 있단다.

참으로 이러한 상황을 우매한 가족이 찾아야 하는가, 정부에서 확인된 정보를 통해 가족을 찾아주면 얼마나 좋을까. 가족들이 찾으려 해도 한계에 봉착되고 연로한 부모들이 어떻게 찾을 수 있겠는지. 막내 외삼촌은 둘째 형님의 성함도 기억을 못하시던데, 우리 외할머님도 그리운 둘째 아들 보고 싶어 95세까지 사시면서 그토록 기다려 왔었는데 지금은 돌아가신 지도 수십 년이 흘렀지만, 어머니 살아생전에 오라버니 소식 알게 되어 그나마 얼마나 다행스러운가.

삼십팔 년 전에 저희 선친이 돌아가시고 유품을 정리하다가 지갑에서 발견된 참전증이란 것을 제가 보관하고 있었는데, 3년 전 우연히 그것으로 참전 유공자 신청하였는데 유공자 지정이 되었다. 아무런 혜택도 없지만, 지금이라도 명예를 찾아 드릴 수 있어 다행이다. 우리나라가 다른 나라에 비해 행정의 속도가 빠르다고는 하나, 알면 찾아 먹고 모르면 바보가 되는 그런 세상이 아닌, 전 국민이 골고루 혜택이 미칠 수 있는 그러한 세상을 기대해 본다.

여진 나루 월파정月波亭

예나 지금이나 강물은 끊임없이 도도히 흐르고, 강물에 비친 싸늘한 달도 여전히 일렁이며 춤을 추지만 그 시절의 나루와 누각은 역사 속으로 사라진 지 오래이고 바람결에 전해오는 풍류 속에서나마 환상喚想해 본다. 선주는 선산의 옛 지명으로 신라 수도인 경주의 변방으로 신라 왕족들의 무덤이 즐비하게 역사 속에 묻혀 있다.

낙동강물이 굽이치는 구미보 인근에는 해평 습지가 있어 겨울이면 철새들 도래지로 유명하며, 제 고향은 구미보에서 1km 위쪽 낙산리이며, 낙산리 대문간 마을에는 신라 3층 석탑(보물 469호)이 있고, 강나루 언덕 야트막한 월파정 산에는 원삼국시대(A.D.100~B.C.300)의 신라, 가야의 고분들이 200여기가 군락을 이루고 있다. 낙산리 원촌院村 강가에는 여차진餘次津이라는 강나루가 있었고, 아직도 복원되지 못하고 소나무 참나무숲에 뒤덮인 고분들이 산재해 있다. 십여 년 전 4대강 사업을 할 적에 모래 야적장으로 지정되었던, 조상들의 묘지가 있는 월곡리 주변에서 원삼국 시대의 장군석이 발견되는 바람에 야적장 계획이 취소되고 그 역사적 고분 수십기가 그대로 방치되어 있다.

태백에서 발원하는 낙동강 물줄기가 굽이쳐 내려오다 우리 마을 어귀 여차진 나루 또는 여진 나루라 불리는데 고려 태조 왕건이 936년 숭신 산성과 태조 방천에서 백제 견훤왕과 싸워 승리한 다음 낙동강 나루를 건널 때 승리의 기쁨을 이기지 못해, 나의 나루 여차진余次津이라고 명하였으며, 고려의 나루 려진麗津이라고 명하여 여진이라 불리게 되었고 지금은 여지라고 부른다. 여진 나루에는 미라원彌羅院이라는 국립여관이 있었으며(세조 때 전국에 1,220개소) 원주전院主田이라는 토지를 주어 운영하였다고 전해진다. 조선 시대 영남 지역 선비들은 한양에 과거를 보러 가기 위해 영남대로 길목에 자리잡은 이곳 미라원에서 하룻밤을 묵고 죽령이나 추풍령이나 조령을 넘었다는데, 선비들은 유독 문경새재 조령을 고집하였다고 한다. 그 당시에도 징크스가 있었나 보다 추풍령은 추풍

낙엽처럼 떨어지고, 죽령은 대나무 껍질처럼 미끄러워 미끄러진다는 속설이 낙방한 선비들의 변명으로 전해졌나 보다.

월파月派라는 단어는 달빛이 물결에 일렁이는 모습을 표현한 단어이며, 우리나라에는 월파정이라는 누각이 몇 군데 있다. 강릉 경포호의 월파정, 경남 김해의 월파정, 전북 임실 섬진강 월파정, 지금은 사라지고 없는 경상도 선주善州의 월파정이 있었다. 그중에서 선주 월파정은 가장 오래된 역사와 옛 선비들의 풍류 속에 등장한 것을 보면 알 수 있다. 최초 지어진 시기가 13세기 이전으로 추정되고, 권근 양촌陽村 중수기 기문에 신사년(1401년) 시월로 표기된 바 그 무렵 다시 지어졌고, 이후 다산 정약용(1762~1836)이 다녀간 걸로 보아 4세기 동안 존재하였던 것으로 추정되며, 동국여지승람의 선산 도호부 편에 월파정에 대한 자세한 기록들이 있다. 오래되어 알지 못하고 가장 먼저 이문정李文挺이라는 태수가 지었다는 기록이 나오고 그 뒤 세월이 오래되어 없어졌는데 또한 언제인지는 알 수가 없다.

명나라 연호 건문(建文, 1339~1408) 초 최관(崔關, ?~1424)이라는 태수가 부임하여 여흥공驪興公 민제(閔霽, 1339~1408)에게 복원하도록 하였고 이문정으로부터 최관에 이르기까지 두 공의 사이가 이미 백 년이 넘었다고 한다. 이 누각은 진주의 촉석루와 밀양의 영남루와 안동의 영호루와 상주의 관수루와 더불어 조선 5대 누각으로 불릴 정도로 규모나 경관이 수려하였다고 전해진다.

다산 정약용(1762~1836)의 황해도 황주 월파루 기를 보면 내가 월파정이라는 정자에서 노닐 일이 세 번 있었지만, 그중에서 제일 잊혀지지 않는 것은 낙동강의 선산에 있는 월파정이다. 무엇 때문인가. 글 짓고 술 마시는 화락한 흥취는 노량진의 월파정에서 얻었고, 고운 목소리와 예쁜 모습을 가진 기녀들의 아름다움은 황주 월파정에서 보았다. 두 곳에서는 이른바 '달빛이 비치는 물결'을 모두 본 셈이다. 그러나 낙동강의 선산 월파정만은 밤에 자지 않았기 때문에 이른바 '달빛이 비치는 물결'을 보지 못했다. 지금 내가 낙동강의 선산 월파정을 잊지 못하는 까닭은, 그곳에는 다른 곳에서 볼 수 없는 기이한 광경이 있는데 내가 보지 못한 것이 아닌가 하는 생각이 들기 때문이다. 이로 보건대, 사람도 아름답게 빛나는 광채가 가슴속에 쌓여 있는 사람은 오직 이를 가슴속에 쌓아서 깊이 간직하기만 하고 남에게 가벼이 내보이려고 하지 않으니, 이것이 곧 남들이 그를 잊지 못하게 되는 까닭이다. 나는 이것으로 스스로 힘쓰며 돌아와 기記를 짓는다.

이처럼 낙산리 월파정 산기슭에 수백 년을 버티어 오다가 언제쯤 소실되었는지 알 길이 없으며, 또한 그 형태의 기록도 없어 수년 전에 내가 월파정 복원에 대해 시장과 도지사에게 건의도 하였으나 복원할 수 있는 자료가 남아 있지 않아서 어렵다는 통보를 받았다. 십 년이면 강산도 변한다는데 수백 년의 세월은 낙동강의 물길도 바꾸어 놓아 월파정 산기슭에서 백여 미터나 이동하여 그때 그 모습을 문헌에서만 유추해 볼 수 있어 아쉽다.

여진 나루의 옛 추억

황지로부터 낙동 물길 일천삼백 리는 굽이굽이
동트는 아침 영호루를 떠난 사공은 관수루를 거쳐
초경初更이 돼서야 여진 나루에 돛 내리니

길손은 산기슭 절벽에 간신히 앉은 월파정 루에 올라
막걸리 사발에 풍류 담아 고달픈 애환을 노래할 즈음
물 잠긴 달빛 파동은 학춤 추듯 일렁이며 사위어 가네

천 년 전 왕건은 견훤과의 전투 승리에 도취되 나의 나루
고려의 나루라 하여 여진(余津, 麗津)이라고 선언한 비언은
뉘 집 장독대의 귀 떨어진 옹기들의 구전으로 전해 왔으리.

영남대로 과거길 늦을세라 재촉한 걸음에 날은 저물고
나루 옆 미라 원 국립 여관 초혜草鞋 매단 봇짐 풀고선
과객은 그간의 노고와 객지의 애환을 추억하리라

죽령은 대처럼 미끄러지고 추풍령은 낙엽 지듯 떨어지고
조령은 새처럼 훨훨 난다는 소문에 그 길로 오갔다는
담벼락 모퉁이 이 빠진 사금파리들 우스개로 전해 오네

십 년이면 강산도 변한다더니 천 년 전 물길은 저 멀리 돌고
나루 옛터 지금 서 보니 지난날의 번성은 잡초만 무성하고
'어기야 디어차' 사공들의 뱃노래는 환청幻聽으로 들려오네.

한민족의 기원

지구의 탄생은 45억 년 전이며, 생명의 기원은 약 30억 년 전이라고 전해지며 인류의 역사를 찾아보니 300만 년 전의 유인원이며, 오스트랄로피테쿠스로 두 발로 서서 걷고 간단한 도구를 사용하였다고 기록되어 있고, 70만 년 전 구석기시대가 시작되고, 50만 년 전 호모 에렉투스가 나타나서 불을 사용하였다고 하며, 20만 년 전에 호모 사피엔스라고 불리는 네안데르탈인이 나타나 지금의 우리 모습과 비슷하였단다. 현생 인류의 직접적인 조상인 호모 사피엔스 사피엔스가 처음 나타난 것은 약 4만 년 전이라고 전해지며 프랑스 크로마뇽 동굴에서 화석이 발견되어 크로마뇽인이라 불린다. 기원전 8000년경 신석기시대엔 씨를 뿌리고 곡식을 가꾸고 한 곳에 정착하게 되었다.

한민족은 후기 구석기시대에 분화한 것으로 보이는 몽골 인종, 코카서 인종, 니그로 인종 가운데 몽골 인종에 속하며, 시베리아 일대에 살던 몽골족은 알타이와 우랄 산지 일대에 흩어져 살면서 형질 문화 언어 구조상 구분되는 2개 어족, 즉 우랄어족과 알타이어족으로 나뉘며, 한족은 알타이어족에 가까우나 비교적 이른 시기에 알타이어족에서 분리되었기 때문에 터키족, 몽골족, 퉁구스족 등 알타이계 종족과 언어 구조가 다른 부분이 많다고 한다.

게르만 민족의 대이동을 촉발해 로마제국을 멸망시킨 아시아 유목민족 훈족의 원류가 아시아 최동단, 즉 한국인일 가능성이 있다고 하였다. 실제 신라 및 가야인과 훈족의 유물, 유적 등을 비교해 보면 편두와 금관 머리장식 등 여러 가지 공통점이 발견되었다.

훈족은 흉노의 한 분파로 기원전 3세기부터 4세기까지 약 700년간 중원 지역을 놓고 중국과 각축을 벌였고, 이때 흉노에게 속해 있던 한민족 원류 중 일부가 서쪽으로 진출하면서 훈족으로 성장하였고, 또 한 부류는 한반도 남부 지역까지 진출해 현재의 한민족의 일부가 되었다. 유럽에 사는 훈족의 후예들도 엉덩이에 몽고반점이 발견되고 있다. 한민족과 훈족은 친척의 인연이 있다고 할 수 있다. 훈족의 이동 경로에서 발견된 고고학적 유물 사료들이 한민족의 그것들과 연결해 볼 때 훈족의 지배 집단이 한민족이라고 볼 수 있는 근거는 충분하다. 동로마의 황제들이 훈족의 지도자를 알타이어로 강한 사람을 뜻하는 투르크의 왕자라고 불렀기에 훈족이 곧 투르크족이라고 짐작된다.

형제의 나라 터키는 6·25 때 미국, 영국, 캐나다에 이어 네 번째로 많은 군인을 파병하고 터키 정부는 5,000명의 지원군을 모집하였으나, 터키인들은 형제의 나라를 구해야 한다고 15,000명이나 지원하였다고 한다. 파병된 15,000명이 넘는 터키군은 대부분 지원병이었으며, 그중 3,500명이 사망하여 미국 다음으로 많은 희생자를 내었다. 그들은 왜 많은 병력을 파병하고 목숨을 걸고 죽기 살기로 싸웠을까. 터키에 가면 관공서나 호텔 등지에 터키 국기와 태극기가 나란히 게양되어 있다. 우리 국민이 생각하는 것과 달리 더 많이 우호적이고 형제적인 친밀감을 나타낸다.

터키와 형제의 나라가 된 것은 6·25 때 파병 때문이 아니라 고구려 때로 거슬러 올라간다. 터키 민족은 투르크족으로 고구려 시대 때 중앙아시아 몽골에서 유목 생활하던 '돌궐'족이다. 돌궐 즉 투르크는 지금의 몽골과 바이칼 호까지 방대한 영토로 200여 년간 북방의 대초원을 통치하면서 찬란

한 문화를 창조하였다. 현재 중국 내의 위구르 자치구의 위구르족도 투르크족이며 구소련의 투르크메니스탄도 투르크족이다. 터키는 1935년에 건국하였지만 터키인은 서기 551년을 건국의 해로 여기며, 551년은 돌궐이 건국된 해이며 돌궐과 고구려가 군사동맹을 맺어 수나라와 당나라를 견제하였다. 고구려 말기 연개소문의 부인 중 한 명도 돌궐족 여인이었단다.

이때서부터 시작된 고구려와 계속 우호적이며 친밀한 관계를 유지하며 서로를 형제의 나라로 부르며 고구려의 후예인 한국을 형제의 나라로 생각하고 그렇게 열심히 나라를 지켜 주기 위해 싸웠단다.

안사람이 성지 순례차 터키에 간 적이 있는데, 길거리에서 구걸하는 노인이 6·25 전쟁 때 파병되었던 군인이라고 하였단다. 그들 중 일부는 관광객에게 구걸하며 살아간단다. 우리 국민이 생각하는 이상으로 한국민에 대해 형제적 자부심을 느끼고 살아간단다. 우리도 이제는 그분들의 공으로 이렇게 잘살고 있다는 것을 알아야 할 것이다.

2부
삶의 여정에서

유체이탈遺體離脫

명예퇴직 후 실직 기간이 6개월이나 되었다. 매일 구직에 노력하였으나 쉬운 일이 아니었다. 정신적으로 피폐疲弊해져만 갔다. 매일 관악산에 오르고 또 올랐다. 하루도 쉬어 본 적이 없던 난 장기간 쉬면서 제자리걸음만 하고 있으니, 우울증이 왔다. 오전 8시에 출근하고 보통 새벽 두 시에 퇴근하고 6개월 동안에 일요일이고 공휴일이고 단 하루도 쉰 적도 없고 죽으라 일만 했던 시간, 1997년 IMF를 맞고 브랜드 사업부장이던 나는 구조조정의 일환으로 부하 직원을 3년 동안 300명 가량 정리해고하였다.

모두 절박한 상황들이며 이런 한파에 밀려난다는 것은 죽으라고 하는 것이나 다름이 없는 상황이며 절박한 상황을 모르는 것은 아니다. 그러나 회사도 살아남아야 하기에 어쩔 수 없는 선택이라고 하기에는 너무도 궁색하기 짝이 없고 그로 인한 스트레스는 오직 나만이 감당하여야만 했다.

IMF를 몰고 온 대통령이 민주화의 공신으로 포장되어 추앙받는 것은 너무도 못마땅하다. 이러한 시기에도 불구하고 명퇴 신청을 하였다. 회사에서 극구 만류하였고 혼자 살아남을 수도 있었지만, 그 많은 직원을 다 내보내고 혼자 버젓이 회사에 다니기가 자존심이 허락지 않았다. 그러나 6개월간 실직 기간이 계속되니 후회가 되기 시작하였다. 다단계 회사도 가 보고 생각도 못 했던 회사도 이력서를 내 보았다.

스트레스를 풀어 보려고 하루도 산행을 거른 적이 없었다. 그러던 중 어느 날 밤잠을 설치고 오후 4시경에 관악산에 올랐다. 날씨가 어둑어둑하며 금방이라도 소나기가 쏟아질 것 같은 생각도 들었지만, 기왕 오르기 시작하였으니, 정상에는 갔다 와야지 싶어 빠르게 올랐다. 안양 관양동에서 국기봉까지 코스이다. 정상에 도착하자마자 갑자기 천둥 번개가 근처를 때리면서 폭우가 쏟아지기 시작하었다. 만용蠻勇, 객기客氣가 부른 참사가 예고됐다.

산에는 아무도 없었고 나는 두려움이 밀려왔다. 태풍 같은 비바람에 최대한 몸을 낮추고 뛰기 시작하였다. 산길은 미끄럽고 시야가 가려서 위험하기 짝이 없었다. 죽은 굴참나무 가지들이 바람에 부러져 떨어지고 나는 그런 두려움은 처음 경험하였다. 정말 죽을 수도 있겠다는 생각이 들었다. 옆구리에 차고 있던 만보기는 어디로 달아났는지 등산화 밑창도 떨어져, 모든 어려운 상황은 동시에 밀려온다. 설상가상雪上加霜의 상황이라 말할 수 있다. 몇 번의 미끄러짐과 타박상 끝에 집으로 돌아올 수 있었다. 11월 하순의 날씨에 속옷까지 젖어 보긴 처음이었다. 너무 피곤하여 씻고서 눈을 붙였는데 곧 잠이 들었다.

그러다 잠이 깨어 눈을 뜨고 일어나 앉았는데 나는 깜짝 놀랐다. 뒤를 돌아보니 나는 그대로 자고 있다. 다시 누웠다 일어나 봐도 내 몸이 일어나지 않는 것이었다. 나는 거실에서 십자수를 놓고 있는 아내를 불렀다. 아무리 불러도 내 말은 허공만 맴돌았다. 그때야 '내가 죽었나 보다'라는 생각이 들었다. 일어나서 나는 나를 열심히 흔들어 깨워 보았지만, 소용이 없었다. 눈물이 쏟아지며 슬픔이 밀려왔다. 내 나이 마흔다섯에 아들이 중학교 2학년 딸은 초등학교 6학년이라 아직은 이렇게 되면 안 되는데 이러한 생각들이 들었다. 한참을 울다가 갑자기 마음이 평온해졌다. 어떤 방법으로 내가 애들을 보살펴 주어야 하나 이런 생각들이 들었다. 우리 부친도 쉰둘에 돌아가셨는데 아마도 이런 생각을 하였을 것으로 짐작된다.

성수대교 붕괴 시도 불과 3분 전에 죽음의 다리를 건넜었기에 남다르게 다가왔고, 사업부장으로 매주 한 번씩은 들렀던 우리 매장이 있던 삼풍백화점에서 부하직원들의 죽음들…….

죽음이란 우리와 멀지 않은 곳에 항상 대기하고 있으니, 언제든 부르면 달려가야 하는 상황이라 항상 마음을 정갈하게 유지하고 남에게 죄짓지 않고 후회 없는 삶을 살아야 함을 깨닫게 되었다.

우여곡절 끝에 나는 꿈에서 깨어날 수 있었다. 누구보다도 열심히 건강관리를 하여 왔다. 내가 오남매 장손으로 대학 졸업을 앞두고 아버지께서 돌아가셔서 모든 아버지의 책임 가장으로서의 책무 많은 제사와 할머니 어머니 동생들, 바로 밑 동생은 군에 가고 셋째가 대학 2학년, 넷째가 중 1학년 막내가 초 5학년이고 모친은 가정주부이고 나는 막 취업이 된 그때에는 가족의 십자가를 질 수밖에 없는 상황이었다. 동생들 대학까지 보내고 과천 작은 아파트, 맏이가 서울 사니 동생들도 졸업하면서 상경하여 우리 집에서 직장 생활을 시작하여 모두 출가하였고 많은 산소들을 물려받았기에 우리 자식에게 나와 같은 삶을 물려주는 것은 절대로 일어나서는 안 된다는 신념과 같은 생각이 그때부터 자리잡고 있었다.

그리하여 난 건강한 삶을 살기 위해 헬스클럽을 인수하게 되었으며, 수십 년째 이 일을 하고 있다. 클럽의 일은 오전 6시부터 밤 11시까지 하루 17시간 다람쥐 쳇바퀴 돌듯 감옥과 같은 생활을 하고 있다. 휴일이면 매주 천 미터급 산을 올랐다. 세상의 모든 근심 걱정을 잊기 위해서…….

유체 이탈 경험을 통해 간접 죽음을 체험함으로 삶을 다시 한 번 되돌아볼 수 있었고 죽음이란 나와는 상관없는 것인 줄로만 알고 살아온 나에겐 특별하고 독특한 체험이었다. 언제 어느 시점에 가더라도 후회되지 않는 삶을 살아야겠다는 생각이 들었다.

비니

막내 처남은 마흔일곱인데 얼굴도 곱상하고 키도 크고 성격도 좋고 잘생겨서 뭇 여성들이 잘 따를 텐데, 숫기가 없나 그 나이 먹도록 혼자 살고 있었다. 워낙 성격이 활달하고 놀기 좋아하고 술을 좋아하며, 특히 등산을 좋아하여 전국의 명산은 놀이터처럼 찾아다녔었다. 그러다 혼기를 놓쳐 버리고 혼자 지내면서 여기저기 직장 따라 떠돌아다니다 고향인 서천에 자리 잡고 살고 있었다. 챙겨주는 사람 없이 혼자 살다 보니, 끼니 제때 못 챙기고 외로워 술로 세월을 달래고 살았나 보다. 부천에 사시는 장모님께서 가끔 서천에 들러 살림살이를 돌보아 주시곤 하셨다.

두어 달 전에 장모님께서 맏딸인 아내에게 전화하셨다.

막내 처남이 집에 들렀는데 삐쩍 말라서 왔단다. 물어보니 목이 아파서 밥을 잘 못 먹었단다. 그래서 동네 병원에 데려갔더니 영양실조란다. 요즘같이 풍요로운 세상에 영양실조가 웬말인가. 목에 심한 염증이 있으니 큰 병원에 가서 내시경을 해 보란다. 다음날 큰 병원에 데려가서 진찰하니 식도암 말기란다. 하늘이 무너지고 땅이 꺼지는 청천벽력 같은 소리를 듣고 나도 무너져 내렸다. 현재 체력이 허약하니 당장 수술은 어렵고 우선 방사능 치료와 체력을 보강한 뒤 수술하자고 하셨다. 약도 열심히 먹고 혼자서 병원도 다니고 체력도 좋아지는 듯하였다.

며칠 후 밤에 퇴근하니 집사람과 막내처남이 통화하고 있었다. 항암치료를 하니까 머리가 많이 빠지니 새해 선물로 비니라는 빵모자를 사 달란다. 그래서 아내는 시골에서 사서 택배로 부치느니 가까운 백화점에서 사면 되지 하고 나무라는 듯 통화를 끊었다. 나는 옆에 있었는데 뭘 사 달라고 하는 것 같은데 아픈 사람이니 비싸지 않으면 하나 사 주지 하였다. 아내는 혼자 사는 막내가 늘 못마땅하였다.

집사람은 몇 달 전부터 오른쪽 어깨에 석회가 끼는 오십견이 와서 병원 치료를 받고 물리치료도 하고 어깨 운동도 열심히 하고 있었지만, 별 차도가 없이 통증만 계속되었다. 몇 년 전에도 왼쪽 어깨도 오십견으로 고생을 많이 하였는데 구미 인동에 있는 모 병원에 가니 의사가 대뜸 어깨를 꺾어버렸단다. 그리고 극심한 통증으로 울고불고 난리가 났었다. 그러고는 며칠 지나서 다 나았다. 그래도 다시는 그 병원에 가고 싶지 않았단다.

전화 통화 끝나고 나에게 어깨를 꺾어 달란다. 물론 헬스클럽 관장이기에 예전에 운동 배울 때 태릉 선수촌 체력 담당 위원에게 오십견에 대해서 교육을 받은 적은 있었지만, 실습은 해 보지 않았다. 병원 가서 하라고 만류하였지만 원망하지 않는다는 약속을 하고 내가 팔을 현재 가동 범위보다 살짝 더 꺾었다. 약간의 우두둑 소리와 함께, 집사람은 극심한 통증을 못 견뎌 했다. 진통제를 먹고 30분 정도 고통을 호소하다가 응급실로 가잔다. 병원 가서 진통제 주사를 맞고 약을 타서 집으로 오니 열두 시가 넘었다. 통증은 좀 가라앉았다. 나는 새벽에 출근하기 위해 바로 잠자리에 들었고, 집사람은 좀 안정이 되니 막내와 그렇게 통화한 것이 마음에 걸렸는지 인터넷으로 비니를 검색하며 막내처남과 새벽 두 시까지 통화하였단다.

아침에 아내에게 어깨는 어떠냐고 물어봐도 대답이 없다. 통증은 전과 비슷한가 보다 생각하고 다섯 시 반경에 출근하였다. 오전 여덟 시 좀 지나 집사람이 울면서 전화하였다. 나는 어깨 통증 때문인 줄 알고 깜짝 놀랐다. 장모님이 아침에 막내가 일어나지 않아 깨우러 작은 방에 들어가 보니 피를 토하고 엎드린 채 죽어 있었단다. 처남은 자다가 화장실에서 토하고 다시 들어와 잠들었는데 영영 깨어나지 못하였다. 화장실 전기 스위치와 변기에도 피가 묻어 있어 간밤에 일어난 일을 짐작케 하였다.

하늘이 노랗게 보였다. 아내는 부랴부랴 약도 못 챙기고 열차를 타고 서울로 올라갔다. 나는 지금 당장 같이 갈 수 있는 상황이 아니었다. 눈에 넣어도 아프지 않을 막내아들, 일단 병원 영안실에 안치하고 장례 절차는 생략하기로 하셨단다. 체육관 문은 닫을 수가 없으므로 다음날 딸을 불러 맡기고 올라간다고 이야기하였다. 다음날 아침 바로 염하여 화장하겠단다. 조문은 아무도 받지 않으니 올라오지 말라고 당부하셨다. 나도 본가의 동생들하고 연락을 다 하였는데…, 부모보다 먼저 떠난 막내아들을 가슴에 묻고 모든 절차를 생략하셨다.

그날 밤 동생과 마지막까지 통화하며 그 고통을 함께 나눈 누나는 자지러졌다. 동생에게 보낸 선물은 엄마가 보실까 봐 우리 집으로 반송하였다. 그다음날 퇴근하니 택배 하나가 와 있었다. 순간 울컥하는 맘이 들었다. 아내는 장인 장모 모시고 서천 내려가서 동생이 살던 집도 정리하고 부모님 안정을 좀 찾게 하고 오겠단다. 오는 순서는 있어도 가는 순서는 없다더니… 무슨 기구한 운명의 장난인지 팔순 노부모는 어찌 살라고…….

아내가 돌아와서 택배로 반송된 비니를 풀어헤치고선 울고 앉아 있었다. 세 개의 비니 중 두 개는 산 것이고, 나머지 한 개는 덤으로 더 넣어 준 것이란다. 아내는 울면서 마당에 쪼그려 앉은 채 두 개의 비니를 태웠다. 덤으로 준 비니는 쓰라고 나에게 주었다. 나도 등산을 많이 다니니 비니가 필요하긴 하다. 그러나 막내처남에게 가지도 않고 바로 우리 집으로 반송이 되어 한 번도 써 보지 못한 비니지만 쓰기가 불편하다. 비니는 계속 서랍에서 잠을 잤다. 한 해가 지나고 추운 겨울 어느 날 산행에서 그 비니를 한 번 써 보았다. 이상하게도 내 머릿속엔 온통 막내 처남과의 추억들이 끊이지 않고 등산하는 내내 같이하였다. 아직도 그 비니만 보면 막내처남과의 옛 추억이 어제 일처럼 스쳐간다. 모든 사물에도 그때의 시간이 고스란히 스며 있나 보다.

아홉수

숫자와 인과 관계가 징크스로 나타나는 일들이 우연을 가장하여 가끔 나타나곤 한다. 나는 크리스천으로서 미신은 믿지는 않지만, 그러나 우연이라고 하기에는 설명하기가 쉽지 않은 일들이 자주 발생한다.

아홉수란 9, 19, 29와 같이 아홉이 든 수라고 사전에 나온다. 예로부터 남자 나이에 이 수가 들면 결혼이나 이사와 같은 일은 꺼린단다. 박경리의 「토지」에서도 '사람마다 아홉수가 사납다'라는 말이 나온다.

수십 년 전 모친 연세 마흔아홉에 아버지께서 심장마비로 돌아가셨다. 이처럼 숫자라는 것은 단순하고 우연일 것이고 그 우연이라는 것이 특정한 숫자에 각인되어 마치 그 숫자가 우연을 가장한 필연이라고 믿는 것임엔 틀림이 없을 것이다. 잔인하고 사나운 아홉수가 나에게도 찾아왔다. 그냥 우연이겠지만 사람들은 그 사건을 애써 다른 무언가에게 전가하고 싶어한다. 가족 구성원 중에 9라는 숫자를 가진 사람이 한둘은 섞여 있을 수도 있기에 그 숫자와 결부시키는 인간의 나약한 모습이 아닐까.

몇 해 전 추석 다음 주일 새벽 세 시에 폰이 울렸다. 요양원 수녀님에게서 연락이 왔다. 새벽에 할머님 기저귀를 갈아야 하기에 깨우니 의식이 없어서 119로 시내 큰 병원 응급실로 모신다고 병원으로 오라 한다. 담당의사께서 뇌출혈로 숨골을 막아 임종 준비를 하라 한다. 할머니는 그날 저녁 91세로 운명하셨다. 내 나이 쉰아홉이다. 나는 새해가 되면서 혹시나 내 나이가 아홉수이니 올해는 마음의 준비를 해야 할까라고 생각이 스친 적은 있었다. 할머니 연세 91세 모친도 82세 노인이시라 언제 어떻게 될지 알 수 없는 상황이기에…….

몇 해 전 매제의 부친인 사돈어른께서 돌아가셨다. 연세도 미수米壽인 88세이고 그동안 편찮으셔서 요양병원에서 이태 정도 계셨다고 한다. 장례를 마치고 며칠 후에 매제는 대기업에 다녔는데 회사에서도 명예퇴직하였다. 그래서 내가 동생에게 올해 아홉수라서 그런가 보다라고 하였다. 엎친 데 덮친 격으로 설상가상의 형국이다. 동생 부부는 동갑인데 둘 다 마흔아홉이었다.

십진법을 쓰는 서양에서도 9는 불완전하고 미완결성을 가지고 있다고 한다. 우리나라에서는 입신의 경지를 아홉으로 본다. 바둑 9단, 정치 9단처럼 아홉을 완결의 수로 본다고 한다. 9라는 숫자는 길수吉數인 3을 세 번 곱해진 큰 길수로 본다. 너무 지나치게 좋다 보니 액운이 따른다고 한다. 4, 7, 9 등 각인되기 쉬운 숫자로 인하여 우리는 허황되고 무모한 우를 범하지 않아야 할 것이다.

피해의식과 본전 생각

누구든 경중의 차이는 있겠지만 피해 의식과 본전 생각을 가지고 살아갈 것이다. 자라면서 경쟁사회로 내몰리면서 환경에 의해 스스로를 방어하는 자존심이랄까 보상 심리랄까. 특히나 한국인은 일제의 식민 치하에서 수많은 피해를 겪어온 바 스스로를 방어하는 의식이 강하게 자리잡고 있으리라 생각된다.

가령 목욕탕에 가서 씻고 나오면, 타월들이 쌓여 있는데 순서대로 쓰면 좋을 텐데 어떤 사람들은 가운데에 있는 좀 새것으로 보이는 것을 빼 쓰면서 지저분하게 흩트려 놓기도 한다. 또한 어떤 사람은 로션을 온몸에 바르기도 한다. 석유로 만든 화합물일 텐데 뭐 좋은 거라고…, 이러한 행동들은 피해의식에서 비롯된 것이 아닌가 생각된다.

예전에 물질적으로 궁핍할 때 옷이나 생필품들을 형제간에 많이 물려 입고 물려받아 썼기에 맏이보다는 둘째, 셋째들이 피해의식이 강하게 자리잡고, 그 심리적 영향으로 자립심이 강해져서 자수성가하는 경향이 맏이보다 많았으리라 생각된다.

나는 맏이이지만 워낙 없이 살았기에 60년대 초, 초등학교에 들어가면서 고모가 쓰던 빨간 장미꽃이 그려져 있는 어깨에 메는 책가방을 물려받았다. 학교 안 가겠다고 떼를 쓰곤 하였지만 워낙 어려워서 어쩔 도리가 없었다. 맏이이다 보니 일찍 철이 들면서 학교 다니면서 다른 아이들의 놀림감이 되곤 하였다.

중학교에 들어가면서도 키순으로 번호를 매기는데 나는 항상 뒷 번호를 받았다. 어머니께서 교복을 사 오셨는데 가장 작은 사이즈를 사 와도 큰데 가장 큰 옷을 사 오신다. 왜냐하면 큰 사이즈나 작은 사이즈나 옷값이 차이가 없기 때문이다. 물론 3년 동안을 입어야 하고 성장도 하겠지만 바짓단과 소맷단을 10cm 정도 접어넣고 입었다. 해마다 조금씩 꺼내 입었지만, 졸업할 무렵에도 그 옷은 여전히 큰 편이었다. 또 그 옷을 동생이 물려받아 입어야 했다. 그러니 동생들의 피해의식은 커질 수밖에 없었다.

예전에 김장철에 할머니가 농사지은 배추를 나눠 주셨다. 동생은 언제나 제일 좋은 것으로 가져가고 가장 안 좋은 것은 나의 몫이었다. 동생은 안 좋은 것 주면 안 가져가기에 언제나 좋은 것만 골라서 주고 나는 못 먹을 정도 되어도 잘라내고 먹기에 할머니 생각에는 그렇게 인식되었을 거다.

요즘 시대야 물질만능 시대이고 자녀들이 한둘이라 이런 상황을 이해하기 어렵겠지만, 이러한 피해의식, 자존감, 본전 생각들이 이 나라 발전의 원동력이 되지 않았나 생각된다.

운동의 함정

이런 얘기가 있다. 내가 헛되이 보낸 오늘은 어제 죽은 이가 그토록 살고 싶어했던 내일이다. 건강함이란 어떤 것인가. 보디빌더 선수처럼 근육이 많고 보기 좋아야 건강한 것인가. 보기 좋아도 한곳에 암이 있으면 건강하다고 말할 수 있겠는가. 건강이란 제로섬zero sum 게임과 같은 것이다. 영을 곱하는 것처럼, 99%가 좋아도 1%가 나쁘면 건강하지 않은 것이다. 건강한 삶을 위해서는 적당하게 먹고 적당하게 움직이고 적당하게 쉬고 건강검진을 열심히 하여 고장난 곳을 빨리 찾아내어 치료하는 것이 건강을 지키는 지름길이라 생각된다. 이처럼 모든 것을 적당히 하라 하지만 적당을 넘어 과도하게 하여 중독이 되기도 한다. 건강함이란 몸을 질병으로부터 이겨 내는 힘, 이것을 면역력이라고 한다. 공기와 물과 환경으로부터, 수많은 세균들의 공격으로부터 지켜 내야 하고, 매일매일 몸이 스스로 만들어 내는 수천 개의 암세포로부터 이겨 내야 한다. 즉 면역력을 키워야 한다.

헬스클럽을 운영한 지도 벌써 20년이 되었다. 운동의 목적이라면 건강하게 살기 위함이 분명한데 일부 사람들은 무지로서 운동으로 오히려 건강을 해치고 있는 사람들이 적지 않다. 운동에서 가장 중요한 것은 연속성이지만 똑같은 운동의 연속성은 오히려 운동이라기보다는 노동이 될 수 있다. 주 4~5회 정도 일 1시간 내외(약간의 개인차는 있을 수 있음)가 적당하다. 너무 과도한 운동은 운동이라고 보기 어렵다. 즉 운동선수들처럼 하는 것은 운동을 빙자한 노동일 수밖에 없다. 운동하러 온 회원들에게 누차 강조하여도 타성에 젖어 있다. 전문가와 상담을 통해 나에게 적당한 방법을 찾는 것이 좋다. 운동의 적, 지나친 중독성은 오히려 하지 않음만 못하다. 또한, 운동은 내 몸에 맞는 운동을 하여야 운동이라 볼 수 있다. 누가 수영장 다니니 나도 따라가는 식의 운동은 위험하다.

내 몸에서 부족한 부분을 증진하고 과도한 부분을 감소시키는 것이 운동이다. 몸은 움직이는 곳은 발달하고 복부와 같이 움직임이 덜한 부위는 지방 퇴적과 근육은 퇴화할 것이다. 다리가 부러져 깁스하면 다리가 가늘어지는 것처럼. 운동에서 가장 중요한 것이 연속성이라고 말한 것처럼 밥 먹듯이 해야 한다. 일주일, 한 달에 한 번 골프, 등산 가는 식의 운동은 운동이라고 볼 수 없다. 일반적으로 건강을 위한 4가지 요소를 꼽는다면 첫 번째는 먹는 것이다. 비만은 욕심이 부른 참사라고 볼 수 있듯이 적당히 골고루가 정답이다. 음식에서 5할은 차지할 것이며, 두 번째는 운동일 것이며 3할은 차지할 것이며, 세 번째는 휴식이라 볼 수 있다. 네 번째는 긍정적인 마음이라고 볼 수 있을 것 같다. 1분 동안 먹는 것을 빼려면 1시간은 족히 잡아야 한다.

운동에는 크게 분류하면 유산소성 운동, 무산소성 운동, 유연성 운동으로 구분할 수 있다. 유산소 운동은 체지방을 태우는 운동이다. 몸에 있는 지방을 산소와 결합해 지방산을 만들어 에너지로 사용한다. 중요한 부분은 숨이 가쁘면 유산소 운동으로 볼 수 없다. 숨이 차지 않는 범위에서 걷기, 에어로빅댄스, 수영, 자전거 타기, 줄넘기 등이 대표적이다. 살 빼려고 뛰는 사람들이 많다. 숨이 가쁜 순간부터는 지방을 에너지로 쓰지 않고 포도당과 근육 단백질을 사용한다.

그다음으로는 무산소 운동은 체력과 근육을 키우는 운동이다. 숨이 가쁘거나 숨을 멈추고 웨이트를 드는 것이다. 예를 들면 등산은 무슨 운동일까. 오를 때는 숨이 차니 무산소 운동이고, 즉 체력을 키우는 운동이며 평지를 걷거나 내려올 때는 유산소 운동 즉 지방을 태우는 운동이니 즉 복합 운동이다. 그다음으로는 유연성 운동, 이 운동은 스트레칭이나 요가처럼 혈액순환을 좋게 하며 준비운동의 개념에서 많이 하며 뻣뻣한 근육과 힘줄, 인대 등에 자극을 주어 가동 범위를 넓혀 준다.

매일 같은 운동을 같은 강도로 진행한다면, 우리의 근육은 이에 익숙해져서 특별히 운동이라고 여기지 않게 된다. 소모되는 칼로리도 줄어들고 근육에 가해지는 자극이 감소한다. 특히 근력 운동의 경우에는 다양한 방향과 부위를 움직이도록 변화를 줄 필요가 있다. 늘 같은 운동기구를 고집하면 제자리걸음을 걷게 될 것이다. 여러 가지 운동을 번갈아가며 하면 지루함도 줄어들고 근육도 강화할 수 있다.

운동을 할 때 지나치게 빨리 움직이는 사람들이 있다. 강도 높은 운동을 위해서겠지만 효과는 다소 의심스럽다. 천천히 동작을 취하면서 근육의 움직임에 집중하는 것이 근육 형성에 도움이 된다.

휴식을 무시하는 사람들이 많다. 무조건 운동을 많이 한다고 몸이 강화되는 것은 절대 아니다. 근육은 성장 호르몬의 작용으로 쉴 때 자란다. 탄수화물은 많이 먹어도 근육을 형성하는 단백질이 되지 않고 지방으로 전환될 뿐이다. 특히 근육운동 후에는 적당한 휴식으로 몸을 쉬게 하지 않으면, 부상 등으로 오히려 건강을 해치는 지름길이 되며 고강도의 운동을 하면 그만큼 더 오랜 휴식이 필요하다. 열심히 운동한 다음날은 아예 쉬거나 가벼운 운동만 할 것을 추천한다. 같은 부위의 근력 운동은 이틀 연속하지 않는 편이 낫다. 왜냐하면 무산소운동의 에너지는 탄수화물 즉 글리코겐인데 이 에너지를 사용하면 아프게 하는 물질인 젖산이 분비돼 이것은 휴식을 통해 없애야 하는데 같은 부위를 계속 되풀이하면 몸이 산성화되어 면역력이 오히려 줄어든다.

긍정적인 마음가짐은 담배보다 더 나쁜 스트레스에서 해방해 준다. 불교 화엄경에 보면 일체유심조一切唯心造라는 말이 나온다. 세상사 모든 일이 마음먹기 달렸다는 말인데 나는 가톨릭 신자이지만 내 책상 앞에 크게 써 붙여 놓았다. 비교하는 마음은 지옥, 감사하는 마음은 천국이다.

욕구 2단계

인본주의 심리학자 에이브람 매슬로는 유대인 출신으로 러시아에서 미국으로 이민 온 부모로부터 태어났다. 그는 어릴 적 건강과 경제적 어려움 등 다양한 문제에 직면하면서 심리학 철학 법학 등 자기 계발에 대한 공부를 하였으며 인간 동기 이론과 욕구 계층 이론을 바탕으로 5단계 이론을 정립했다. 이후 7단계까지 정립하여 하위 단계를 충족해야만 상위단계로 눈길을 돌릴 수 있다는 것을 설명하였다.

1단계 생리적 욕구는 의식주 생활에 관한 본능적인 욕구이며, 2단계 안전의 욕구는 신체적, 정서적 안전을 추구하는 욕구, 3단계 소속감과 애정의 욕구는 단체에 소속되어 소속감을 느끼고 타인으로부터 사랑받고 있음을 느끼고자 하는 욕구이며, 4단계 존경의 욕구는 타인에게 인정받고자 하는 욕구이며, 5단계 자아실현의 욕구는 자신의 가치관을 실현해 자기만족을 느끼고자 하는 욕구이다. 여기에 6단계 문화 교육 지적 욕구와 7단계 문화예술 심미적 욕구를 추가시켜 인간의 학습 행동과 예술적 행위에 몰입하는 것을 설명하였다. 끊임없이 갈구하고 채우려는 인간 욕심의 끝은 어디일까? 요즘 권력욕과 재물욕으로 한순간에 나락으로 떨어지는 걸 질리도록 접하고 있다. 욕심도 욕구도 조금은 내려놔야 삶의 행복지수는 더 높아지지 않을까. 버림은 또 다른 채움이라는 말이 생각난다.

욕구 2단계인 건강 다이어트에 대해 잠시 소개할까 한다. 7단계에 도달한 사람도 2단계에서 헤어나지 못한 사람들이 많다. 우리는 풍요로운 대한민국에 살면서 아프리카의 후진국 생활을 하는 분들이 의외로 많다. 이것은 무지에서 비롯되는 현상이다. 아프리카에 사는 아이들은 음식을 못 먹어서 하나같이 근육이란 것은 없고 앙상한 뼈밖에 없다. 그러나 배는 어떤가. 모두가 팅팅 부어 있다. 왜 그럴까. "뱃속에는 무엇이 들어 있을까?" 물어보면 대답을 잘 못한다. 못 먹어서 부었다. 복수가 찼다. 공기가 찼다. 이런 대답들이다. 정답은 체지방, 모두가 마른 비만이다. 체지방의 가장 큰 역할은 생명 유지이며, 보통 몇 끼씩 못 먹으니 먹는 음식은 무조건 저장한다. 사용하는 것은 대부분 근육(단백질)을 우선 사용한다. 그러니 살은 빠지고 지방은 늘이는 형태이다. 체육관에 오시는 분 중에서 체지방이 20kg이 넘는 분들에게 물어보면 90% 이상이 하루 두 끼를 먹는다고 한다. 없어서 못 먹는 것일까. 잘못된 식습관이다. 살을 뺀다고 하면서 굶는다. 굶으면 근육이 빠지고 체지방은 늘어날 수 있다. 다이어트는 배고프지 않을 만큼 적당히 먹는 것이다. 조금씩 자주.

배고픔은 뇌의 시상 하부 바깥쪽에 있는 음식물 섭취 중추가 관장하여 음식물을 섭취한 후 일정한 시간이 지나면 먹고 싶다는 욕구를 느끼게 하는 감각이며, 이 감각은 혈액 중에 혈당 수치가 내려가면 생기게 된다. 그래서 배가 고픈 것이며, 혈당 수치가 내려가는 것은 에너지 공급 시스템에서 혈액 중에 떠다니는 포도당을 태워서 사용하기 때문이며, 정상인의 혈당은 공복의 경우 60~100㎎/㎗, 식사 2시간 후의 혈당은 140㎎/㎗ 이하로 유지되며, 저혈당은 혈당이 60㎎/㎗ 이하일 때를 말한다. 저혈당 증상은 기운이 없고 몸의 떨림이 있으며, 창백, 식은땀, 현기증, 흥분, 불안감, 두근거림, 공복감, 두통, 피로감 등이 나타난다.

배고픔은 체지방이 부족한 사람에게는 저혈당을 예방하는 매우 중요한 신호이며 체지방이 부족한 사람은 대체 에너지로 사용할 지방이 부족하므로 배가 고파도 식사를 하지 않으면 급속히 혈당 수치가 내려가면서 기운이 없어 활동하기 어려운 저혈당 증세가 나타난다고 한다.

그러나 체지방이 많아서 체중을 감량하려는 경우에는 배고픔을 무시하고 식사를 하지 않아도 된다. 혈액 중에 혈당 수치가 내려가면 우리 몸은 혈액 중의 중성지방을 분해하여 에너지로 사용한다. 그리고 중성지방 수치가 내려가면 체지방에서 지방이 분해되어 중성지방 형태로 혈액에 유입된다. 그리하여 우리 몸은 혈액 중의 혈당수치와 중성지방 수치를 항상 정상 수준으로 유지하게 된다. 그러므로 배가 고픈 느낌이 올 때 음식을 먹으면 지방을 태워서 없앨 기회가 없어져 버리는 것이다. 배가 고프더라도 식사하지 않고 그 시간을 넘기면 체지방을 태워서 체중도 줄이고 배고픔도 사라지고 정상적인 생활을 할 수 있게 되는 것이다. 체지방이 적절하게 저장된 정상인은 배고픈 증상이 심하지 않고 잠깐 배가 고프다 사라지며, 이후 체내에 저장된 체지방을 태워 에너지로 사용한다.

그런데 다이어트에 실패하는 분들은 그 느낌이 비정상적으로 강하여 배고픔을 참을 수 없다. 혈당 수치가 조금만 내려가도 배고픔을 느끼며, 음식을 눈으로 보기만 해도 배고픔을 느낀다. 누가 음식 이야기만 해도 배고픔을 느끼고, 한마디로 배고픔을 느끼는 센스가 고장난 것이다. 고장난 이 증상을 정신력으로 참을 수 있다면 식사량을 줄여서 다이어트 하는 사람들이 대부분 성공할 것이다.

운동을 해야 할 텐데 어떤 운동을 할까. 무작정 남들이 하니까 나도 따라간다는 식의 운동은 과연 내게 도움이 될까. 우선 나의 몸 상태를 먼저 파악하는 것이 중요하다. 골밀도, 근육량, 체지방량 등 모두 다르기 때문에 먼저 내 몸 상태를 파악한 후 내게 필요한(부족한 부분, 과한 부분) 운동을 하는 것이 좋다. 우리의 몸은 움직이는 부위는 근력이 좋아지며 발달하고 움직임이 덜한 부위는 퇴화(근육량) 퇴적(지방)한다. 운동이란 평소 쓰지 않던 근육들에 자극을 주어 보강해야 한다.

유산소 운동만 하면 체지방보다는 단백질 소비가 먼저 일어나 근육량이 줄어들 수 있다. 근육량이 줄면 기초 대사량(칼로리 소비량)이 떨어져 운동을 쉬면 더 빠른 속도로 살이 찐다. 이를 요요현상이라 하며, 운동의 목적은 개인별로 다르겠지만, 원리와 방법은 한 가지로 귀결된다. 산소를 흡입하여 섭취한 열량을 태우고 필요한 근력을 키우는 것이다. 운동의 핵심은 근육이며 운동하는 것은 근육을 움직이는 것이며, 근육에도 종류가 있고 용도 또한 다르며, 근육 속에는 속근(백근)과 지근(적근)이 있다. 속근은 빠르게 수축하며 점프할 때나 무거운 물건을 들어올릴 때와 같이 순간적인 동작에 활용되며, 반면에 지근은 자세 유지나 오래 걸을 때와 같이 지구력에 필요한 근육이다. 흥미로운 것은 두 근육에 사용되는 에너지가 다르다는 것이며, 속근은 탄수화물을 에너지로 쓰지만 지근은 주로 지방을 연료로 쓰며, 지근은 오래 사용하여도 쉽게 피로하지 않지만, 속근은 파워는 강하지만 쉽게 지치며, 또한 지근은 부피가 작지만, 속근은 부피가 크며, 보디빌더나 단거리 육상 선수의 울퉁불퉁한 근육은 주로 속근이고, 이에 비해 마라토너가 말라 있는 것은 속근보다는 지근이 발달되어 있기 때문이다.

살을 빼고자 한다면 지근을 발달시켜야 하고 몸매를 만들기 위해서는 속근을 발달시켜야 하며, 근육질의 남성과 S라인 여성의 몸매 역시 속근의 힘, 운동 방법도 다르다. 지근은 오랜 시간 저강도 반복되는 동작으로, 속근은 짧은 시간에 강도 높은 웨이트 트레이닝을 해야 발달한다. 가벼운 덤벨을 들고 횟수를 많이 하면 지근이, 무거운 덤벨로 횟수를 줄이면 속근이 발달한다. 나이가 들어갈수록 근육량은 자꾸만 줄어든다. 그 때문에 기초 대사량이 줄어들어 몸에서의 칼로리 소비량이 줄어 뱃살이 늘어나는 것이다. 나이가 들수록, 여성일수록 가벼운 웨이트 운동으로 근육(지근)을 증가시켜야만 한다. 운동도 이젠 과학이며 헬스센터에 가서 무작정 뛰기만 하거나 역기를 무리하게 든다고 건강해지지 않는다. 먼저 자기 몸(근육량, 골밀도, 체지방 등) 상태를 파악하고 자기에게 필요한 운동을 적절히 안배하는 지혜가 필요하다.

이처럼 1단계 생리적 안정과 의식주가 해결되고 나면, 2단계로 신체적 정서적 안전을 추구하고, 다음으로 3단계 각종 단체에 가입하고 여가를 즐기기를 추구하며, 그것이 실현되고 나면 4단계 존중을 받고 싶어 하는 욕구, 타인에게 인정을 받고 싶어 하며, 5단계는 자아실현과 6단계 문화적 지적 욕구 실현을 위해 독서라든지 글을 쓰기도 하며, 최종 7단계는 문화 예술을 추구하기 위하여 음악 등과 같이 예술로 승화하기도 한다. 욕구 이론은 단계별로 근본적인 욕구가 충족되어야만 다음 단계의 욕구가 발현된다는 초기 이론은, 어느 정도의 욕구 충족이 불충분 하더라도 다음 단계의 욕구 역시 발현될 수 있다고 이론을 수정 발표하였다.

호사다마好事多魔

좋은 일에는 흔히 시샘하는 듯 안 좋은 일들이 많이 따른다. 몇 년 전, 신인 문학상을 받으러 행사장에 갔을 적 이야기이다. 행사를 마치고 귀가하면서 길을 잘못 들어 2m 정도 후진하다가 사각에 들은 뒤차를 살짝 받았다. 가벼운 접촉 사고였는데 모녀 관계인 두 여자분이 있었다. 예술의 전당 주차장에서 나오는 길이기에 문학회 회원인 줄 알았다. 대학생쯤 보이는 학생은 카톡을 열심히 주고받으며 시시덕거리고 엄마는 내려서 다짜고짜 보험 처리해 달랜다. 부딪힌 범퍼는 깨끗하고 범퍼에 닿은 철판이 살짝 휜 상태라 다친 곳을 물어보니 괜찮다고 하였다. 시간도 늦고 대물 처리만 신고하고 귀가하였는데 다음날 보험회사에서 대인 처리도 해 달래서 왜 그러냐고 물어보니 딸아이가 놀랐다고 하여 그러라고 하였다.

보름 정도 후 보험회사에서 400만 원 보험 처리를 하였단다. 기가 딱 막혔다. 완전히 보험 사기단에 걸린 기분이 들었다. 그동안 무사고로 한번도 이런 적이 없었는데 시인인 줄 알고 보험사와 경찰을 부르지 않은 나의 불찰이었다. 한방병원에 가서 일주일간 두 모녀가 추나인가 뭔가를 받고 합의금도 지급하였단다. 블랙박스 영상이 있었더라면 재심하고 싶었지만 내 불찰이니 어디다 하소연할 곳도 없었다.

봄 행사는 열차를 타고 참석하였다. 수십 년 만에 타보는 열차 여행은 그야말로 환상적인 매력이 있었다. 차창에 스치는 봄꽃을 구경하며 정말로 수십 년간 맛보지 못한 여행이 되었다.

가을 행사도 열차를 이용하기로 마음먹었다. 순우리말 글짓기 대회에서 장려상을 받았다. 상장과 부상으로 여러 권의 시집을 받았다. 저녁 식사 후 열차를 타고 오려고 하였는데, 울산 가시는 시인께서 태워 주신다기에 고맙게 얻어 타고 내려왔다. 구미쯤 오니 밤 열 시가 넘어가고 있었다. 울산까지 가려면 아직도 두 시간쯤 더 가야 하기에, 톨게이트 내려와서 다시 올라타려면 시간이 2~30분 더 소요될 것 같아서 구미 부근 졸림 쉼터에서 내리겠다고 하였다. 여기서 집까지는 걸어서도 30분이면 충분할 것 같아서였다.

밤 열 시쯤에 고속도로 갓길에서 밑을 내려보니 축대 벽이 5m는 되어 보였다. 고속도로를 따라 내려갈 만한 곳을 찾아보았으나 마땅치 않았다. 깜깜한 밤 고속도로 갓길은 쌩쌩 달리는 차로 인해 공포스러웠다. 그래서 약간의 모험을 하지 않을 수 없었다. 그때서야 뭔가 잘못되었다는 것을 깨달았다. 양심… 세상을 살아가려면 좀 더 뻔뻔스러워져야 한다는 것을, 후회가 밀려왔다. 조금 더 버티어 볼 것을… 한참 갓길을 따라 걸어가니 다리가 나왔다. 다리 조금 못 미쳐 아래를 내려다 보니 내려갈 수 있을 것같이 보였다.

5~60도 경사도 풀밭이 약 5m, 밑에 축대 2m, 그 밑으로 3m 정도 경사 풀밭 아래 도랑이 있고 옆에는 밭이 있었다. 양복 단화에 양팔에는 책과 꽃다발 2~3m 내려섰을까 단화의 미끄러움과 발목에 걸린 환삼 넝쿨에 그냥 공중제비를 돌았다. 축대 벽 아래로 내리꽂혔다. 중학교 때 유도를 배워서 낙법을 알고 있어서 정확히 한 바퀴를 굴렀다. 책과 꽃다발과 상장은 날아갔다. 정면으로 떨어졌으면 얼굴에 상처가 생길 것이 분명했다. 순간적으로 고개를 숙인 채 한 바퀴 돌아서 등이 풀로 된 매트리스 지면에 닿았다. 휴대폰 플래시로 책을 주워 모으고 가까스로 내려와서 도로까지 나왔다. 이 말

이 생각났다. 남이 보면 남사스럽고 우리가 보면 우세스럽단 말, 독소獨笑, 나는 한참을 웃었다. 남들이 보지 않았길 망정이지…. 차도 다니지 않는 길을 터벅터벅 걸어서 집에까지 왔다. 집에 와서 살펴보니 정강이와 손목에는 약간의 찰과상과 양쪽의 무릎과 등, 손목 부근에는 풀물이 짙게 들었다. 옅은 회색 양복을 세탁소에 맡겼는데도 지워지지 않아 폐기 처분하여야 할 것 같았다.

차에는 블랙박스가 있었지만, 전방만 되기에 소 잃고 외양간 고친다는 기분으로 블랙박스를 교체하려고 마음먹었다. 그러던 차에 내 마음을 어떻게 알았는지 블랙박스 회사에서 연락이 왔다. 무상으로 교체해 주겠단다. 대구에서 구미까지 단숨에 달려왔다. 내용인즉슨 5개 채널로 전면과 후면과 양쪽 측면과 급출발 문제로 요즘은 액셀과 브레이크에도 촬영한단다. 비용은 150만 원 정도 하는데 바우처를 이용하여 신용카드 대금 공과금과 보험료로 월 100만 원만 결제하면 5%의 페이백을 제공하기에 이것으로 결제하면 된단다. 약간의 망설임도 있었지만 멀리서 왔고 또 나에겐 블랙박스가 필요하고 해서 계약하고 설치를 하였다. 바우처에 100~300만 원 한도까지 입금할 수 있다. 카드를 많이 쓰는 분은 일 년이면 기계값을 다 뽑고 추가로 더 많은 수익을 본단다. 100만 원을 입금하면 105만 원 포인터를 주면 이것으로 카드 대금 공과금 보험료를 결제하면 된다. 그렇게 5개월이 지났다. 기계값은 44,000원씩 36개월 캐피털 할부로 내는 조건이다.

5월 치도 그렇게 25일 결제인데 23일에 미리 결제했는데 24일 바우처가 부도를 냈다. 천만다행으로 하루 먼저 결제하는 바람에 나는 잔액이 17만 원밖에 물리지 않았다. 보상받을 길이 없어 보인다. 피해를 많이 본 사람 중에는 25일 결제일인 사람은 300~600 정도 물린 사람도 있고, 기계값까지 천만 원대 피해를 본 사람도 있다. 피해를 본 사람들이 카톡방을 만들어 집단 대응에 들어간단다. 나도 물론 17만 원과 기계값을 생으로 물어야 하는 상황이지만 일단 소비자 피해 신고를 하고 계약을 파기할 수 있도록 노력해 볼 참이다. 다시 한번 느끼지만 '세상에는 공짜도 없고 싸고 좋은 것도 없다'라는 진리를…….

인간의 본질

사람은 동물과 달리 물질적인 육체와 정신적인 영혼을 가지고 있다. 물질적인 육체는 몸을 지탱하는 골격계와 뼈를 움직이게 하는 근육계, 근육을 움직이게 명령을 전달하는 신경계와 근육을 움직일 수 있도록 에너지를 전달하는 혈류계로 구성되어 상호 유기적인 활동을 한다. 개인별로 주어진 백 년을 어떻게 살 것인가, 건강하게 살기 위해 불로장생하기 위해 온갖 노력을 다한다. 기껏해야 백 년이며 모두가 예외 없이 다 죽고 만다고 한다.

정신적인 영혼은 혼백魂魄으로 구성되어 있다고 본다. 혼백이란 혼(넋, 魂)과 백(넋, 魄)의 한자어로 혼은 정신적인 영혼을 이야기하고 백은 육체적인 영혼을 이야기하며 보통 기氣라고 한다. 기가 막히면 죽는다고 하며, 사람이 죽으면 육체와 영혼은 분리되며, 혼은 하늘로 올라가고 백은 땅으로 스며들어 없어진다. 혼은 인간에게 해를 끼치지 않지만 백은 기분에 따라 해하기도 돕기도 한다. 좋은 터에 무덤을 만들고 제사를 잘 지내면 자손을 도와주고, 나쁜 터에 무덤을 만들고 제사를 소홀히 지내면 해롭게 하는 것은 백이 무덤 속의 시체에 남아 있기 때문이란다. 그래서 명당을 찾고 무덤 속의 뼈가 소멸할 때까지 5대(150년)까지 제사를 지내며, 요즘은 백이 작용하지 못하게 없애려고 화장하고 생전에 사용하던 물건들도 태운단다.

인간이 죽으면 혼魂은 인간의 몸에서 빠져나와 위패 안에서 살다가 곧 하늘로 올라가고 백魄은 인간의 사후에도 몸속에 사는 존재로 묘지에 묻힌 시체와 함께 흙이 된다고 여겨졌다. 세상에 미련이 남은 사자의 백은 귀鬼가 되어 인간계에 나타나 병 등의 해를 끼친단다. 혼은 양이고 백은 음이며 혼은 혼자 다니며 백은 혼자 다니지 못하며 제사를 지낼 때 향을 피우는 것은 하늘에 있는 혼을 부르는 의식이며 술을 땅에 붓는 것은 땅속의 백을 부르는 의식이라 한다. 동양 철학인 유교 불교 도교에서는 이러한 혼백을 연구한다.

인간은 잉태되는 순간부터 사후까지 3단계루 구성되어 단계별로 단절되어 있어 그 이전의 세계를 알 수 없다. 일부 죽음을 체험하신 분들의 이야기를 통해 사후 세계가 어떠하다는 이야기를 듣습니다.

일 단계는 엄마 자궁 속에서의 십 개월, 이 단계는 살아생전의 백 년, 삼 단계는 사후 세계인데 영적인 부문이며, 일반적으로 인간은 삼 단계의 영이 살아가야 하는 세계에 대하여서는 별로 가치관을 두지 않는다. 하지만 우리는 언제 어떻게 죽을지 아무도 알지 못한다. 그러므로 우리는 이 사후 세계에 대해 미리 대비해야 한다. 그래서 종교가 있는지도 모른다.

1963년도부터 성당에 다녔다. 심오한 종교관이 있어서가 아니라 어릴 적 워낙 못 먹어서 성당에 가니 먹을 것을 주었는데, 강냉이 가루를 나누어 주었다. 그것을 얻어먹으려 성당에 나가게 되었으며, 지금은 수천수만 배로 갚고 있다.

2024년 기준 세계 인구가 80억 중 종교 인구가 68억이란다. 이 중에서 종교인들의 분포를 보면, 1위 기독교 25억 명 31%(가톨릭 12.5억 49.2%, 개신교 6.77억 27%, 정교회 2.95억 12% 기타 1.13억 0.03%) 2위 이슬람교 20억 명 24%, 3위 힌두교 12억 명 15%, 4위 불교 5억 명 6%, 5위 무종교 12억 15%, 6위 전통종교 3억 4%, 7위 유대교 15백만 명 0.2%로 분포되어 있단다.

2024년 한국의 종교별 인구분포는 무종교 50%, 개신교 20%, 불교 17%, 천주교 11%, 이슬람교 0.3%, 힌두교 0.02%이다.

죽은 나의 영혼은 어떻게 될까. 2단계에서 사는 우리는 정확히 알 수는 없지만 가톨릭에서는 이렇게 믿고 있다. 인간은 죽음으로 생물의 원리인 생명은 끝나지만, 그 영혼은 죽을 수 없는 것이므로 남게 된다. 죽음으로 인품의 주체 원리였던 영혼은 물질 원리를 벗어나 영원한 영적 세계로 옮아가는 것이라 믿는다. 육체에서 벗어난 영혼은 하느님 앞에서 심판 받을 때에 깨끗한 영혼은 천국으로 가고 대죄 중에서 하느님께 등진 영혼은 지옥으로 가게 되며, 천국도 지옥도 아닌 연옥이라 하는 곳이 있다.

연옥이란 천국에 들어가기 전에 그들이 용서받지 못한 죄들에 대한 보속하고 또 이미 용서받은 죄에 대해 아직 다 치르지 못한 벌을 일시적인 징벌 장소 또는 상태이며, 완전히 순결한 영혼은 천국으로 가지만 완전히 깨끗하지 못한 영혼들은 천국에 들기 전에 정화되며 준비하는 곳이다. 가톨릭에선 고해성사를 통해 죄 사함을 받고 죄에 대한 보속을 하여 항시 정갈히 살아야 한다. 연옥에 있는 영혼은 감옥살이하는 범죄자와 같아 스스로는 그 보속을 낮출 수 없으며, 이승에 있는 사람들이 연옥의 영혼들을 위해 받치는 기도로 그들의 정화 과정을 빨리 끝나도록 도와줄 수 있다고 한다.

종교 개혁자 루터는 '연옥 철회론'에서 연옥 신앙을 부인

하였고, 개신교도 연옥과 같은 일시적인 상태나 위치의 개념 그리고 죽은 자들과의 영적 교류를 부인한다. 그리스도에 대한 믿음만으로 자유롭게 되고 천국으로 간다고 한다. 가톨릭의 미사는 제사의 개념이고, 개신교의 예배는 찬양의 개념이다. 불교는 윤회설을 믿는다. 생명 있는 것은 자신이 지은 업보에 따라 지옥도, 아귀도, 축생도, 아수라도, 인간도, 천상도의 육도 혹은 육취에서의 삶과 죽음을 반복하다가 천국 극락 세계로 들어가 해탈(굴레에서 벗어난다)을 하는 것이라 한다. 우리나라는 무신론자가 많다. 세계인구 85%가 종교인인데 우리 나라는 50%가 무교이라니, 물론 50% 중에는 종교를 가지고 있으나 바쁘다는 핑계로 쉬는 사람들이 많을 것이다. 죽어 보지 않아서 알 수는 없지만 보험 든다는 생각으로 종교 하나쯤은 가져야 하지 않을까. 세상은 곡예사가 외줄을 타는 것처럼 아슬아슬하고 위험하기에, 종교는 그 밑을 받쳐 주는 그물과도 같은 것이 아닐까 생각된다.

중장비 면허 도전기

유전자遺傳子란 유전의 형질을 규정하는 인자라고 사전에서 규정하고 있다. 한문으로 유遺자는 '남길 유, 끼칠 유'라고 한다. 부모로부터 많은 유산과 좋은 유전자를 물려받으면 좋을 것이다. 물론 태어나면서 소위 말하는 금수저를 물고 태어나면 금상첨화겠지만 현실은 만만치 않다. 많은 사람은 후손에게 금수저를 물려주기 위해 열심히 살아간다. 세상은 참 공평하지 못하여 가난과 질병 질환을 물려받고, 부채를 떠안고 태어나는 사람들도 많이 있다. 이런 것을 설상가상이라고 해야 할까. 나는 그 중간쯤에 해당하는 듯하다. 이러한 유전을 선천성 유전이라 한다. 그리고 우리가 태어나면서 집단의 경쟁 체제에서 살아남기 위해 자신을 개발하고, 부모 형제간의 성실한 모습이나 타락한 모습들도 본보기로 물려받게 되는 것을 후천성 유전자라고 한다.

저의 집안의 의학적 유전자는 심혈관계 질환이 많다는 것이고 후천성 유전자는 선비적인 가풍이다. 아버지가 심장질환으로 쉰둘에 돌아가시고 사촌 형도 심장질환으로 돌아가셔서 심장들이 안 좋은 듯하다. 그 결과 저는 유산으로 스물여섯에 가장이라는 유산을 물려받았다. 저의 대학 졸업식도 못 보고 아버지께서 돌아가시니, 책임져야 할 조모와 어머니 그리고 초등, 중등, 고등, 대학교에 다니는 동생들이 있었다. 장남으로서 저의 사명은 동생들을 무사히 대학까지 졸업시키고 출가시키는 것과 조모와 모친을 돌보아야 한다는 것이었다. 선천성 유산인 가족력 있는 심장 질환으로부터 나를 지켜서 내 자식에게 나와 같은 삶의 업을 단절하여야 한다는 사명감으로 인해 결혼하면서부터 운동과 인연을 맺었다. 심장을 강화하기 위해 심박수 높은 등산을 하기로 마음을 다졌었다. 그리고 후천성 유전은 배우려는 자세와 도전 정신인 것 같았다.

많은 사람들은 예순 전후에 정년퇴직하면 인생 이 막을 귀농 귀촌으로 전원생활을 꿈꾸며 귀향하거나 농촌에서의 여유로운 삶을 희망한다. 그러나 저는 마흔다섯에 명퇴를 하게 되어 제 2의 직업으로 헬스클럽을 운영하게 됨에 따라 생활

스포츠 지도자라는 자격증을 따야 했다. 일 년간의 교육과 연수를 받고 정확한 운동 자세와 운동 코치 방법 실기 시험과 운동 생리학 심리학 응급처치 구급 안전 레크리에이션 등 다섯 과목의 필기시험을 치르고 자격증을 땄다. 이후에 17년간 운영해 왔던 체육관을 정리하면서 생활 스포츠 지도자 자격증은 정년 퇴임을 하게 되었으며, 이제 예순셋이라는 나이, 아직도 청춘인데 노인으로 취급당하는 것이 너무나 억울하다. 새로운 아이템 장착을 위한 변신을 위해 저는 새로운 도전을 하였다. 주말 농부로서 굴착기(포클레인)와 지게차 운전면허증에 도전해 보기로 마음먹었다. 2월 구정 이후 공부를 시작하였다. 학원에 등록비 160만 원과 부대 비용도 많이 들어갔다. 학원에서는 기출문제 위주로 달달 외워 60점만 맞으면 된다고, 저에겐 시험 날짜까지 한 달이라는 시간이 있었다. 고시 공부 수준으로 문제뿐만 아니라 중장비의 구조 기관 법령 등 교재 전체를 공부하였다. 그 결과 굴착기 93.4점이 나왔고 두 번째 지게차는 이쯤하면 60점은 되겠다 하고 20분 만에 나와서 80점 맞았다. 구미 중장비학원에서 최고령 나이에 최고점이 나왔다고 하였다.

3월 30일이 실기시험 날이다. 십 일간의 하루 한 시간씩 운전 교습 실습이 있었는데 나는 동시에 두 과목을 실습해야 했다. 하나도 하기 힘든데 두 과목을 동시에 하려니 몸이 마음처럼 따라 주지 않는다. 예순이 넘어서 운전을 해 보니, 순발력이 많이 떨어진다는 것을 실감하였다. 머리로는 이해하고 공식도 다 외웠지만 몸이 따라주지 않고 마음뿐이었다. 원장이 나에게 실기 연습은 재미있을 거라고 얘기하더니 첫날만 재미있을 뿐 놀이기구 타는 것처럼 빙빙 돌고, 그러나 둘쨋날부터는 강사로부터 핀잔과 시키는 대로 못한다고 욕을 많이 먹었다. 속으로는 야, 요놈아, 너도 나이 먹어 봐라. 하고 욕을 했다.

스트레스가 이만저만이 아니었다. 중장비 면허증은 한 종목을 따고 나서 또 한 종목을 따는 것이 옳을 텐데 두 가지를 동시에 따려는 것이 큰 부담으로 작용하였다. 필기시험은 두 과목 동시가 훨씬 유리하며 문제의 70%는 유사하였다. 굴착기는 6톤이나 되는 대형차로 에스(S)자 코스 전·후진을 2분 내에 통과해야 하고, 그다음은 사각 틀 안의 흙을 퍼서 반대편 구덩이 메꾸기를 4회 하고 평평하게 고르기 해서 4분 이내에 통과를 해야 한다. 그런데 흙을 퍼 담는데 많은 기술이 요구되고 한 바가지 가득 담아야 하는데, 나는 반 바가지밖에 퍼 담지 못하고, 시간이 촉박해서 서두르게 되고 사각으로 쳐놓은 줄을 다 끊어 버렸다. 유독 나에게서 실수가 많이 나와서 질책과 창피함이 교차하고 나의 사례가 다른 수험생의 본보기가 되었다. 지게차는 짐을 싣고 원형 굴곡 코스로 전진해서 짐을 하차하고 다시 짐을 싣고 후진 굴곡 코스로 통과하여 짐을 내리는 데 4분이며 지게차는 뒷바퀴 조향이라 조금만 실수하면 라인을 밟게 된다. 젊은 친구들은 2분이면 통과하지만 나는 수십 번 연습하여 겨우 3분 3초까지 당겨서 자신감이 조금 생겼다. 굴착기는 자신감이 없었다. 코치 얘기로는 많은 사람들이 S코스에서는 떨어지지만 흙 퍼 나르기에서는 떨어지지 않을테니까 자신감을 가져 보라고 하였다.

마지막 연습할 때는 십여 명이 동시에 한 사람씩 코스를 돌았다. 첫 번째 타는 사람은 긴장을 더 많이 하게 되는데 내가 제일 먼저 타게 되었다. 긴장감이 한꺼번에 몰려왔다. 후진할 때 정상적으로 했는데도 코스를 이탈하고 말았다. 지게차는 요소요소에 정확히 바퀴 위치를 일치시키지 못하면 라인 터치 실수가 많이 나온다.

시험 당일 아침에 교습소에 가서 마지막 한 바퀴를 돌았다. 굴착기 후진 시 고개를 창밖으로 최대한 내밀었더니 주머니에 넣어 두었던 휴대폰이 땅바닥으로 떨어지면서 하마터면 굴착기 바퀴에 깔릴 뻔했다. 시험장으로 가기 전에 약국에 들러 청심환을 하나 사 먹었다. 떨어지고 난 다음에 후회해 봤자 소용없는 일이니, 시험 전에 내가 할 수 있는 한도 내에서 최선을 다해야겠다는 생각이 들었다.

한 시에 굴착기 시험을 보고 두 시에 지게차 시험을 보게 되었다. 순서는 제비뽑기로 진행하며, 나는 두 시에 지게차 시험을 봐야 하는데 1번을 주어서 긴장감이 더욱 높았으므로 순번을 바꿔 달라고 하였더니 2번인 젊은 친구가 바꿔 주겠다고 하여 두 번째로 보게 되었다.

1번 친구가 무사히 코스를 돌고 들어왔다. 다음은 내 순서다. 최대한 정신을 가다듬고 배운 대로 무사히 전진하고 후진 기어를 넣고 돌아나오는데 왼쪽 뒷바퀴가 라인에 닿을 듯 접근하여 안 될 것 같았다. 다시 전진 기어를 넣고 일 미터 정도 전진하여 바퀴를 수정하고 급히 후진 기어를 넣고 액셀을 최대한 밟았다. 뒷바퀴가 라인과 5센티 간격으로 무사히 들어왔다. 시간 초과를 걱정했는데 다행히 호각을 불지 않았다. 문제는 교습소와 시험장의 S라인 굴곡도가 조금 상이한 듯 하였다. 뒷 번호를 받은 젊은 친구들도 후진 시 줄줄이 오른쪽 앞바퀴의 라인 터치로 떨어졌다. 출발하기 전에 먼저 몇 군데의 조작을 하여야 한다. 안전띠와 안전바 올리기와 사이드브레이크 해제와 전진 레버 작동을 하여야 한다. 어떤 친구는 출발 호각 신호를 받고 1분 동안 전진 레버 작동을 잊어 출발도 못하고 내려왔다. 또 어떤 친구는 안전바를 올리지 못하고 액셀을 밟았다가 사이드 브레이크를 밟았다가 한다. 긴장하면 머리가 하얗게 변한다. 55초 만에 겨우 출발하기도 한다. 모두가 헤매게 되는 원인은 자신감보다 긴장감이 더 많았기 때문이다.

지게차도 제비뽑기하였는데 또 2번을 뽑았다. 1번 친구는 몇 미터 가다가 라인 터치하고 내려온다. 나는 완벽하게 자신감 있게 액셀을 밟았다. 평균 3분 십여 초 나오니 최대한 4분 쓰자고 마음먹으니까 여유가 있다. 전진은 최대한 속도로 하고 후진은 천천히 하였다. 모두가 손뼉을 쳐 주어 기분 좋은 마음으로 돌아왔다. 발표는 4월 11일이지만 마음이 편하다. 이렇게 준비를 해 놓으면 또 다른 기회가 찾아오겠지. 시험 보고 와서 금오산 저수지 둘레길을 속보로 한 바퀴 돌아왔다. 만개한 벚꽃 3월의 봄날은 간다.

둘 다 합격!

체험! 삶의 현장

어떠한 곳이든 그곳의 삶은 그곳에서 규칙을 갖고 연속되고 있었고, 내 범주 내에서만의 삶 이외는 경험해 보지 못했을 뿐만 아니라 그저 남의 일이라서, 관심조차 두지 않았다.

20년은 학교에서 배운 전공을 살려 대기업에서 삶을 살았으며, 또 20년은 운동과 연을 맺어 생활 체육 지도자로서의 삶을 살아왔다. 이제 한 갑자를 살고 나니 몸과 정신은 멀쩡해도 받아 주는 곳이 없으니, 그래도 아직은 은퇴하기가 억울하다. 그래서 준비해 보려고 자격증도(굴삭기, 지게차) 따 보았지만 설 곳이 없다. 산 입에 거미줄 칠리야 없을 테고, 사는 것이야 어떻게든 살아가겠지만, 그렇다고 이대로 사회의 한 구석으로 밀려나기는 좀 억울해서 발버둥을 쳐 본다.

노인 일자리 센터에서 일할 곳이 있다고 연락이 왔다. 단숨에 승낙하고 다음날 30여 분 운전하여 출근해 보니 산동에 있는 폐기물 처리 업체였다. 그야말로 3D(더럽고, 위험하고, 어렵고) 업체, 고강도의 체력을 요구한다. LG 공장이 철수하면서 나오는 폐기물을 이곳에서 분리하여 재처리, 즉 쓰레기 더미에서 돈 될 만한 것들을 골라내는 작업이다.

이곳에는 외국인 아이들이(네팔, 인도네시아, 북한) 일하는 다국적 기업인 셈이다. 또한 사회에서 설 자리가 없는 취약계층인 노인들이 일하고 있다. 8시 출근인데 7시에 도착해 보니 공장문은 닫혀 있고 노인 한 분이 환영해 준다. 어떻게 왔느냐고 물어보길래, 일하러 왔다고 하니 젊은 사람이 와서 반갑다고 하였다. 노인 일자리 센터에서 보내서 왔다고 하니까 깜짝 놀란다. 죄송하다고 사과한다. 오히려 늙어 보이지 않아서 미안하였다.

팀장이 오늘 일을 배당해 준다. 이곳에는 온갖 산업 쓰레기가 들어온다. 마당에는 1급 발암 물질인 석면과 석고보드, 유리 섬유 같은 폐비닐 잡쓰레기 속에 숨어 있는 고철을 골라내는 일과 마당에 산더미처럼 쌓여 있는 폐전선 굵기가 5, 3, 2, 1cm, 실타래처럼 뒤엉켜 있는 것을 뽑아내어 2m 길이로 잘라내고 크기별로 분류하고, 또 한 곳엔 분류된 전선의 피복을 벗겨 내는 작업이다. 한 곳엔 30~100인치 대형 TV를 부수어 돈을 캐내는 작업을 한다.

첫날은 전선 피복 벗기는 일이 주어졌으며, 세 사람이 한 조로 한 사람은 전선을 기계에 밀어넣고, 또 한 사람은 구리 선을 모으고, 또 한 사람은 비닐을 모으는 일이다. 장갑 두 켤레를 끼고 안전모와 산업용 마스크와 토시, 앞치마로 중무장을 하였다. 나는 구리 선을 모으는 일을 하였다. 2m짜리 구리 선 하나가 2~3kg 정도 5가닥을 모으면 10여kg 되는 것을 옮겨 담았다. 단순 반복으로 두 시간 일을 하고 나니 어깨가 마비되고 팔이 아프고 허리도 끊어질 듯 아파 왔다. 두 시간 서서 일하고 15분 간은 휴식이다. 또 두 시간 일하고 나니 점심시간이다. 이처럼 심한 육체노동 뒤에 먹는 점심은 꿀맛이었다. 그간 운동을 해 온 몸이라 체력은 걱정 없다고 생각했는데, 아니었다. 한 조인 한 사람은 나와 동갑이고 또 한 사람은 두 살 위인데 한 달 되었다고 한다. 무척 존경스러웠다. 나는 일하는 내내 온통 내일은 오지 말아야지를 되뇌고 있었다.

퇴근하고 집에 오니 어깨와 허리와 다리가 마비될 지경이었다. 벨트 마사지와 꺼꾸리 등을 이용하여 몸을 풀고 온몸에 멘소래담을 발랐다. 다음날이 되니 또 출근 준비를 하고 있었다. 다음날도 같은 일을 하였다. 오늘은 색다른 전선이 들어왔다. 한 가닥에 다섯 겹으로 피복되어 있었다. 네 명이 한 조가 되었다. 맨 가운데 구리 선과 투명 비닐로 한 겹 싸고 그다음엔 부직포로 싸고 다음엔 구리로 만든 종이처럼 얇은 막으로 싸고 그다음엔 PVC로 싸고 맨 마지막엔 고무 질로 코팅되어 있었다. 이 작업은 다섯 가지를 따로 분리해야 하기 때문에 상당히 까다롭게 진행되었다. 어제부터 앞치마를 지급받지 못하여 바지에 구멍이 나고 다리엔 온통 노란 멍이 들었다. 다섯 날을 같은 일을 반복하고 나니 몸도 어느 정도 적응되어 갔다.

한 주일이 지나가고 월요일 출근하니 오늘은 마당 일을 배정받았다. 발암 폐기물에서 고철을 고르는 일이다. 한낮에는 폭염 주의보가 내려졌다. 그늘도 없는 땡볕 아래에서 모자와 산업용 마스크를 쓰고 두 겹의 고무장갑을 낀 후 앞치마를 두르고 안전화를 신고 나니 일도 하기 전에 비지땀이 등골을 타고 구룡폭포처럼 흘러내렸다. 휴식 시간까지의 두 시간이 이렇게 길 줄 미처 몰랐었다. 전선 피복 벗기는 일은 그나마 실내 작업이라 선풍기가 돌아가니 더위는 참을 만했지만, 지게차에서 내뿜는 매연과 TV를 부수면서 나는 소음과 분진 가루의 환경. 바깥일은 작열하는 태양과 석면 등 발암물질 쓰레기와의 싸움이다. 물은 한 번에 1리터씩 마셔도 갈증 해소가 되지 않는다. 불과 더위를 많이 먹었나 보다. 꿀맛 같던 점심 식사는 밥맛이 없어 꾸역꾸역 억지로 집어넣었다. 칠 일째 오늘은 마당에 쌓여 있는 폐전선을 분리하는 일이 배당되었다. 전선이 굵은 것과 가는 것들이 10~20m 길이가 서로 뱀처럼 꼬여 풀어지지 않는다. 지게차로 높이 들어 흩으려 주면 전선을 자르는 커트기로 2m 정도의 길이로 자른다. 가는 전선은 잘 잘리지만 지름이 5cm 이상 되는 전선은 수십 번 눌러야 겨우 잘린다. 물론 유압 절단기도 있지만 누군가가 잘못 사용하여 절단기 선을 전선인 줄 알고 잘라버린 것이다. 뱀이 자기 꼬리를 스스로 자른 꼴이 되어, 우리는 모든 전선을 힘으로 잘라야만 했다. 하도 힘을 주어 당겨서 손가락이 잘 펴지지 않는다. 너무 오래 쪼그리고 앉아서 일을 하다 일어서려니 갑자기 무릎이 잘 펴지질 않고 심한 통증이 왔다. 수십 년 산행을 해 온 탓에 양쪽 무릎의 연골이 찢어져 있어 산행 후 내려올 때는 많은 고통이 따랐다. 이런 이유로 산행조차 하지 않았는데, 팀장이 보더니 물파스를 뿌려 주었다.

날짜상으로 열흘이 되었다. 그만두고 싶어도 그동안 같이 일하였던 다른 분들 때문에 그만둘 수가 없었다. 내일은 한낮 기온이 33도로 폭염 주의보가 내렸다. 무릎 통증을 핑계로 하루 쉬기로 마음먹었다. 이런 일은 젊은 사람도 하기 힘든 일인데 마지막에 다다른 노인들에게 맡겨진다는 것이 안타까울 따름이다. 첫날 하루 해 보고는 대부분 오지 않는다. 건설 현장에서 막노동하는 사람들도 왔다가 하루 해 보고는 오지 않는다. 첫날은 다섯 명이 갔지만 지금은 나 혼자 버티고 있다. 이런 일을 해 보고 나니 어떤 일이든지 다 할 수 있을 것 같은 자신감이 생겼다.

내일 할 일도 뻔하다. 폭염경보 때문에 일단 무릎을 핑계로 하루 쉬기로 하고 전화하였다. 그러는 찰나에 시청에서 전화가 왔다. 구미 사랑 상품권 가맹점 모집단이란다. 한 주 전에 응모하였는데 연락이 왔다. 원평 1, 2동을 배정받았다. 한 달 동안 200점포 가맹점 모집 목표를 받았다. 오전 9시부터 오후 6시까지 근무하는 것이다. 더 심한 일도 하였는데 이런 일은 누워서 떡 먹기보다도 더 쉬운 일처럼 여겨졌다.

원평1동사무소로 출근하였다. 직원이 몇 차례 방문하여 가맹점 모집을 하였는데 쉬운 일이 아니라는 설명이다. 이틀 동안 스무 점을 모집하였단다. 나는 구미 중심가이니 일주일이면 목표를 달성할 수 있을 것으로 생각되었다. 지자체별로 시행 중인 지역 사랑 상품권이란 시에서 지원하여 소비 증가를 위해 상품권을 만들어 10% 싸게 구매토록 하여 소비를 늘리려는 제도이다.

첫날 시청에서 만들어 준 확인증을 목에 걸고 9시부터 거리로 나섰다. 걷는 것은 자신이 있었다. 하루 8시간을 걸어 다니면 몇 보나 될까 하고 만보기를 옆구리에 차고 걸어 보았다. 2만 보(15km)가 넘었다. 나는 구미시의 실물 경제를 실감하고 있다. 공무원도 아닌데 나를 붙잡고 하소연을 한다. 구미 1번, 2번 도로인 중심가의 점포가 1/3은 폐점을 한 상태이며, 두 집 건너 한 집은 폐점을 고려 중이란다. 설명하고 설득하느라 입에서는 단내가 났다. 모두가 부정적이다.

원평1동 금오시장과 터미널 사이에는 거의 70%가 문을 닫아 유령이 나올 정도로 변하였으며, 운영 중인 슈퍼마켓에 들어가니 한 아주머니는 울면서 하소연한다. 종일 1~2만 원 팔기도 힘들고 주인에게 임대료라도 좀 낮춰 달라고 하소연해 보아도 주인은 타지 사람으로 손톱도 들어가지 않아서 폐점할 날만 기다리고 임대료를 내지 못하니 보증금 남은 날까지만 영업할 거라고 한다

구미 제일 번화가 2번 도로 중앙시장 쪽 아동복점인데 월세만 550만 원인데 매출도 연간 6억 5천 판다는 데도 연간 3천만 원씩 적자란다. 이유는 본사에서 주는 수수료는 낮고 월 임대료가 높아, 최저임금으로 직원도 없이 혼자서 일하는데도 답이 없어 폐점을 고려 중이란다. 점포를 소유한 사람들은 대부분 재벌이라 비워 두더라도 상가의 가치가 떨어질까 봐 임대료를 낮춰 주지는 않는단다. 보세 옷 가게를 하는 아주머니는 하루 매출이 3천 원, 5천 원이란다. 새로 지은 구미역사에도 텅 빈 채 적막과 어두움에 쌓여 을씨년스럽다. 이

러니 상품권 가맹점 모집은 사치일 뿐이다. 세상에 쉬운 일은 없는가 보다. 30분을 설명하고도 그냥 나오기 일쑤고 한 주일 동안 원평 1, 2동 모든 점포를 돌아본 것 같은데 목표의 40% 정도 하였으니, 출근하면 오늘은 어디로 가야 하나 그것이 문제로다. 이러한 상황들은 정치인들도 알아야 하고 공무원들도 알아야 할 것이다. 한 달 동안 내 목표의 200%인 400여 장을 달성하였다. 다음달도 한 달 더해 달랬지만 더 이상 갈 곳도 없기도 하고 상인들의 울부짖는 소리가 더 가슴을 아프게 하였다. 특히나 구미 경제가 이 모양이 된 이유가 무얼까?

펀치볼 마을

강사로 출근하기로 하였지만, 코로나 여파로 헬스장이 문을 닫아 기약 없이 기다릴 수 없어 출근할 때까지 차단 일을 더하기로 하였다. 엊그제부터 이틀간 강원도 양구에서 일을 하고 왔는데, 구미에서 가다 보니 참 멀기도 하고, 새벽 3시에 일어나 준비하고 아침밥 챙겨 먹고 40분에 집을 나섰다. 가산에 있는 사무실에서 만나 4시 10분에 1톤 차 두 대를 몰고 네 명이 출발하였다. 9시부터 공사한다기에 서둘 수밖에 없었다. 중앙 고속도로를 이용하여 춘천까지 가서 국도로 90여 km 8시 40분경에 두타연 터널 입구에 도착하였다.

두타연 계곡은 휴전선에서 발원한 수입천 지류로써 민간인 출입 통제선 북쪽에 있으며, 금강산 가는 길목(금강산 32km)

에 있으며 6·25 전쟁 이후 50년간 통제되어 왔으며, 천혜의 비경을 지닌 아름다운 계곡이란다.

오늘 작업은 두타연 터널(384m) 내 천정 균열 보수 작업으로 터널 내 왕복 이 차선 중 한 차선을 막고 작업을 해야 하기에 터널 입구에서 차량을 통제하여야 한다. 터널 내 한 차선을 완전 차단하고 한 차선으로 서로 교차하면서 차를 보내야 하므로 양쪽 터널 입구에 두 명씩 서서 차를 통제하며 무전기를 통해 서로 간에 마지막 차량 번호를 불러주고 이쪽 차량을 정지시키고 나면 반대편에서 차량을 진입시키고 마지막 차량 번호를 불러주면 확인하고 이쪽 편에서 차량을 진입시킨다.

혹여라도 실수하게 되면 사고로 이어질 수 있으므로 철저히 통제해야 하며 세상엔 참 다양한 사람들이 살고 바쁜 사람들이 많아 통제가 상당히 어려우며 운전이 미숙한 사람도 많고 차선을 막아 놓고 차가 두어 대가 대기하고 있는데도 뒤에서 온 차가 추월하여 터널로 진입을 시도한다. 저쪽 편에서 차가 나오고 있는데 터널 앞에 한 사람이 지키며 온몸으로 막아 세운다. 아찔한 상황이며 정말 어이가 없다. 또 어떤 미숙한 여성분은 반대 차선으로 가는 게 이상해서인지 막아 놓은 공사 중인 차선으로 들어가 공사자가 치일 뻔하기도 하였다.

오후 한 시경이 되니 반대 차선 구간을 공사해야 한다면서 반대편을 막아 달라 해서 새로 러버콘을 설치하였다. 두 시 조금 지나 일이 빨리 끝났다. 양구 읍내로 나가서 모텔을 잡고 늦은 점심을 먹었다. 이곳은 아직 코로나가 오지 않았는지 마스크를 쓴 사람은 우리뿐이었다. 대구 구미에서 왔다고 하면 돌 맞을 것 같았다. 가까운 명소를 찾아보니 평화의 댐이 40여 km이고 파로호에 있는 한반도 지형의 섬이 있다길래 찾아가 보았다. 가뭄으로 호수에 물이 없어 한반도 섬이 육지가 되어 있었다.

둘째 날은 DMG 부근의 해안이라는 곳인데 펀치볼 마을이라고 불리는 곳이며, 펀치볼Punch bowl이란 화채를 담는 그릇 모양이라고 6·25 때 미군들이 붙인 이름이라고 제주에 있는 제주 성산 일출봉처럼 거대한 운석이 떨어져 생긴 분화구처럼 분지로 형성된 그 안에 마을이 형성되어 있다. 이 마을 안으로 들어가려면 해발 600m 고지에 있는 큰돌령 터널을 지나야 하며 이곳은 아직 겨울이었다. 높은 산에는 눈이 하얗게 쌓여 있고 터널 입구에도 눈이 쌓여 있다. 터널은 길이가 3km가 넘는다. 그런데도 이렇게 똑바른 굴은 처음 본다. 약간 하늘로 올라가는 것처럼 경사가 심해서 이쪽에서 바라보면 반대편 하늘이 보인다. 차로 달려 보니 3분은 족히 걸린다.

이 터널 공사는 천장 균열 보수공사를 하기 위한 사전 탐색 작업이다. 터널이 길어서 통제하기가 무척 힘이 든다. 무전기는 2km 정도 수신되는데 3km가 넘으니, 휴대폰으로 통화를 해야 하며 작업이 끝날 때까지 통화 상태를 유지해야 한다.

눈이 많이 내려 염화칼슘과 모래를 뿌려 놓아 차들이 나올 때마다 흙먼지가 일어나 뒤차가 안 보일 지경이며, 반대편에서 차가 진입하여 1km 정도 올라오면 차 소리가 들리기 시작하며 가까이 오면 전투기가 다가오는 것처럼 굉음이 나며 마스크와 선글라스로 무장을 해도 염화칼슘에 찐 흙먼지가 눈에 많이 들어간다. 마스크를 쓰면 선글라스에 김이 서려 앞이 보이지 않아 하나를 포기해야 했다.

터널 길이가 길어 진입에서 나올 때까지 보통 5~10분 정도 소요되니 운전자들의 눈총이 따가웠다. 국회의원 후보처럼 차량 한 대 한 대마다 죄송하다고 인사를 하고 사정을 한다. 반대편에서 차가 오고 있는데 앰뷸런스 긴급 차가 온다. 어쩔 수 없이 공사 구간 차선을 열어 주었다. 공사하는 사람들이 깜놀했을 것이다. 농사철이라 트랙터가 많이 다니는데 트랙터는 빠져 나오는 데 7분이나 소요되었다. 참 난감하다. 다행인 것은 경운기는 없었다는 것이었다. 터널이 기니까 일하는 데도 시간이 많이 소요되었다.

오후 다섯 시가 되어 끝이 났다. 길에 설치한 공사 간판 러버콘을 다 회수하고 나니 6시가 다 되었다. 갈 길이 머니까 마음도 급하다. 11시가 넘어서야 집으로 돌아올 수 있었다.

기회의 창

그리스에 가면 희한한 동상이 하나 있다. 앞머리 숱은 무성하고, 뒷머리는 대머리이며, 발에는 날개가 달린 동상이 있는데 그 아래에는 이런 구절이 적혀 있다. 앞머리가 무성한 이유는 나를 봤을 때 쉽게 붙잡을 수 있도록 하기 위해서이고, 뒷머리가 대머리인 이유는 내가 지나가면 다시는 붙잡지 못하도록 하기 위해서이다. 발에 날개가 달린 이유는 최대한 빨리 사라지기 위해서이다. 나의 이름은 '기회'이다.

게으른 사람에겐 기회란 없다는 말이 있다. 준비된 자에게만 주어지기 때문이다. 기회란 마음의 창을 여는 것이다. 마음에 문을 닫고 있으면 들어오지 못한다. 살아가다 보면 우리에게는 몇 차례의 기회가 온다. 그러나 대부분의 사람들은 그 기회를 알아차리지 못하고 그냥 놓쳐 버리고 만다. 내 삶에서도 몇 차례의 기회를 그냥 발로 차버린 경우도 있었고 또한 기회인 줄도 모르고 그냥 지나쳐 버렸다. 직장 생활할 적에 저에게는 신규 사업 즉 새로운 업무들이 많이 주어졌다. 내 책상 하나로부터 시작되어 신규 브랜드를 만들었다. 몇 차례의 신규사업을 크게 키운 적 있다. 그것을 계기로 다른 기업으로 스카우트되어 그 회사에서도 내 책상 하나로 시작되었었다.

수천억의 브랜드로 성장하였지만, IMF로 인해 각 기업은 살아남기 위해 구조조정을 하였으며, 나의 브랜드도 규모를 축소하며 많은 직원을 감원하였고, 이후로 나 또한 구조조정의 부담으로 명퇴하였다. 그 후 서울 지방직 디자인 패션센터에 3급 계약직을 순간의 자존심으로 차버린 것을 지금도 후회한다. 이십 년이라는 세월을 헬스클럽이라는 울타리에 갇혀 새로운 기회를 만들지 못했다. 우연히 울타리에 갇혀 있던 나에게 벗어날 기회가 주어졌다. 그 기회를 놓치지 않고 꽉 붙잡았다. 새로운 기회를 잡기 위해…….

그 후 어느 날 카톡으로 친구 수락 요청 알림 문자가 왔다. 알지 못하는 사람과 친구를 맺지 않았는데 외국인이라 영어 공부라도 되겠지 하고 승낙했다. 반갑다는 메시지가 날아와서 간단히 대답해 주었는데 계속 질문을 해 왔다. 나이가 40

인 미국 여성인데 현재 이라크에서 평화 유지군으로 근무 중이란다. 가족 얘기를 하다 보니 그녀는 3년 전에 교통사고로 남편과 딸을 잃었단다. 그래서 우울한 환경을 피하여 그곳을 갔다고, 6개월 후에 전역하지만 아픔이 있는 미국으로는 다시 돌아가지 않겠다고 하였다. 그래서 미국에 다른 가족은 없느냐고 물으니 없다고 하면서 한국에 있는 내가 유일한 친구라고 하였다.

그녀는 내가 있는 한국으로 와서 미국 자동차 판매 사업을 하고 싶다고 하여 나는 부정적인 답을 하였다. 우리나라는 자동차 생산 강국이며 수입 비중이 적고 한국은 석유가 나지 않는 나라이므로 미국 차처럼 연비가 좋지 않은 차는 판매가 부진할 것이라는 이유로 반대하였다. 그 후 국내에서의 미국 차의 판매 현황을 인터넷으로 점검해 보았다. 그런데 의외의 결과가 나왔다. 지난해 외국 차가 국내에서 팔린 것이 독일 차가 십육만 대로 1위이고 미국 차가 오만 대로 2위이고 그다음 순위가 일본 차였으며, 미국 차가 선방한 이유는 무관세였다.

그래서 긍정적인 답을 해주었다. 내가 사는 구미에다 하겠단다. 구미는 인구가 40만으로 소도시이니 보다 큰 대구를 추천하였다. 그런데 대구에는 이미 선인 자동차라는 미국 차 판매점이 선점하고 있었다. 그래서 그 문제는 다음에 입국하고 구체적으로 논의하기로 하였다. 한국의 집값을 물어왔으며,

돈 걱정은 하지 말라고 하였다. 직원도 2~30명을 채용해야 하고 하루빨리 지옥 같은 그곳에서 벗어나고 싶다고 하였다.

그런데 며칠 전 밤에 순찰 중에 테러를 당했단다. 머리와 다리에 약간의 부상과 자기 병사 한 명은 복부에 총상을 입어 위중하단다. 그리고 며칠 뒤 이라크 정부와의 협상이 있었고 보상금으로 금괴를 주었단다. 여기까지 얘기를 아내에게 하였더니 아내가 대뜸 하는 말이 그 금괴를 나에게 보내겠다 하겠네 하였다. 그리고 그다음 메시지가 아니나 다를까 부대 내에는 금괴를 보관할 곳이 없으니, 그녀가 한국으로 나올 때까지 맡아 줄 수 있냐고 하였다.

그때 비로소 뭐가 잘못되어 가고 있다는 것을 직감하고 답을 해 주었다. 한국에서는 우편으로 밀수하는 것은 큰 범죄이므로 그렇게 할 수 없다고 거절하였다. 그리고 나는 당신과 수많은 대화를 나누었지만, 당신을 신뢰할 수 있는 것이 아무것도 없으니 그것을 증명하기 위해 당신이 정말 군인인지, 이라크에서 근무하고 있는지 증명을 해 달라고 하였다. 군복을 입고 찍은 사진 한 장을 보내왔다. 아내가 미 여군 사칭 사기 사건에 대한 것을 검색하여 나에게 보여 주었다. 이라크 아프가니스탄에 근무 중인 평화유지군이라면서 이러한 방법으로 송금을 유도하고 2~3년 전부터 피해를 본 사람들이 많이 있단다.

무척 아쉬웠습니다. 이 기회가 사실이기를 간절히 원하였다. 나에겐 아직까진 금전을 요구하지는 않고 계속 금괴를 보내겠단다. 그러나 사기인 것을 확인하였기에 카톡을 삭제하였다. 이렇게 일주일 동안 많은 영어 공부를 하였다. 천의 얼굴을 가진 기회를 어떻게 알아봐야 할까요.

기도와 떼

기도란 신이나 절대적 존재에게 바라는 바가 이루어지기를 비는 것이다. 떼는 부당한 요구를 들어 달라는 억지나 고집이며, 어린아이가 장난감 가게 앞에서 장난감을 사 달라고 떼를 쓰며 보채는 것과 같다. 기도하는 방법이 따로 있는 것은 아니지만 나도 마찬가지지만 대부분의 사람들은 기도하는 방법이 서툴다. 기도는 직접적으로 원하는 것이 아니라 내가 모든 준비를 하고서 나의 힘으로 감당되지 않는 모자라는 부분을 절대자의 힘으로 도와 달라는 지혜를 구하는 것이다. 로또를 구입하지도 않고 로또 일등 당첨을 원하는 것과 마찬가지다. 최소한 로또라도 구입해야지만 기도의 응답 기회라도 있지 않을까.

신앙인이든 비신앙인이든 단 한 번이라도 기도해 본 경험은 있을 것이다. 가톨릭 신자로서의 기도는 '하느님과의 대화'라고 표현한다. 아무리 사랑하는 사이라도 매번 좋을 수는 없다.

모친이 교통사고로 손발이 부러지고 중상을 입으셨다. 수술 후 회복하였지만 무릎 통증을 견디기가 힘들다고 하면서 무릎 수술을 하시겠단다. 구순을 바라보는 나이에도 불구하고, 그래서 인공 관절 수술을 해 드렸다. 수술 후 한두 달 지나 재활 운동을 하다가 넘어지셔서 고관절이 부러졌다. 고령이라 골다공증도 심하고 몇 개월씩 누워 있으면 근육 소실이 많아져서 회복하기 힘든 상태가 되고 말 것이다. 그래도 어쩔 수 없이 인공 고관절 수술도 하였다. 무릎 관절은 움직여야 하고 고관절은 6주간 절대 움직이면 안 되는 모순에 빠졌다. 수술한 병원에서 퇴원한 후 요양병원에 한 달간 입원하였다. 그 와중에 장모님께서도 위암이 발병하셨다. 위암 수술을 하셨다. 퇴로도 없이 동서남북으로 사방이 막혀 있는 듯하였다.

지난주에 미사 시작 전에 기도하였는데 이것은 기도라고 하기엔 좀 무리이고 떼라고 해야 할 것 같다. 여태 이렇게 큰 일 없이 잘 지내온 것도 기도의 은총이었으리라 생각한다. 그러나 요즘은 크고 작은 일들이 나를 괴롭혀 왔다. 기도가 통하지 않는 것일까. 평생을 성당에 다녔다. 나의 인생 또한 그리 순탄했던 인생은 아니란 생각이 든다. 그나마 하느님을 믿음으로써 남에게 죄짓지 않고 열심히 살아왔다.

어머님, 장모님 힘들지 않고 여생을 보낼 수 있게끔 해 달라, 아들 장가 좀 보낼 수 있도록 지혜를 달라. 딸아이에게 아이 하나 점지해 달라. 골백번 기도하여도 응답이 없었는데…….

해마다 광복절 전후로 생일이 찾아온다. 아들과 딸 내외가 아빠 생일 축하를 위하여 한 보따리씩 선물을 안고 서울에서 내려왔다. 딸아이가 선물 상자를 내밀면서 풀어 보라고 한다. 무심결에 상자를 열었는데 상자가 폭발하듯 솟구쳐 오르며 노란 사임당이 쏟아졌다. 돈벼락을 맞고 깜짝 놀라며 털썩 주저앉았다. 기절하는 줄 알았다. 얼떨결에 흩어진 노란 사임당을 줍고 있는데 아내가 옆에 떨어진 까만 사진 한 장을 주워 들고 풀쩍 뛰면서 딸아이를 부둥켜안고 통곡한다. 나도 갑자기 눈물이 핑 돌았다. 초음파 사진이다. 결혼한 지 이태가 되도록 소식이 없어 걱정을 많이 하였는데 충격을 안겨 주었다. 시댁 부모님들도 부둥켜안고 울었단다. 딸도 엄마가 우니까 같이 울었다. 12주 되었다는데, 이런 이벤트를 위해 그동안 숨겨 왔으며, 또한 내가 상자를 열기 전까지 얼마나 마음 졸였을까 생각하니 기특하기도 하다. 아내가 아기의 태명을 '은총'이라고 부르기로 하였다. 어머님도 열심히 재활하시고 장모님도 수술 후 회복하시고 부디 좀 더 우리 곁에서 아프지 말고 건강히 계시다 가시면 좋을 텐데…. 아들도 예쁜 새아기와 이제 예식장도 예약하고 날을 받았다. 그동안 너무 안달하였나, 어머님 장모님도 건강 회복하시고…. 이렇게 응답해 주시는 것을 보니 때로는 기도보다는 떼를 써 보는 것도 필요한가 보다.

3부

주말엔 농부

회화나무

시골집 마당에는 320년 된 회화나무(홰나무, 槐木)가 있다. 우리 집의 역사를 말해 주듯 그 자리에 서서 삼 세기를 버텨 왔다. 지금은 할머니 떠나시고 그냥 빈집으로 번성하던 옛 가문의 역사만 간직한 채 그저 아무도 없는 빈집을 지키고 있다.

주말 농부인 내가 농사를 짓기 위해 들러 일하다 잠시 홰나무 정자에서 오수도 즐기고, 글을 쓰기도 하고, 집에서 싸간 도시락을 먹는다. 우리 마을에서 여기 회화나무 그늘보다 더 시원한 곳은 없다.

회화나무는 높이 15m, 가슴 높이의 둘레 3m, 나무갓 너비 14m이다. 중국에서는 회화나무를 학자 수, 출세 수, 행복 수라고도 하는데, 회화나무를 집안에 심어 놓으면 학자가 나거나 큰 인물이 나며 행복을 부른다고 하여 붙여졌다. 가문이 번성하고 나쁜 기운이 접근하지 못한다는 믿음 때문에 회화나무는 궁궐이나 사찰, 서원 등에만 심게 하였다고 한다. 조선 시대 급제하면 임금님이 이 나무를 하사하셨다고 전해진다. 예전이 성철 큰스님이 도리사 주지로 있을 때 우리집에 들른 적이 있었는데, 집터와 회화나무를 바라보고는 삼정승이 나올 만한 집터라고 하였단다.

한자로는 괴화槐花 나무로 표기하는데 발음은 중국 발음과 유사한 회화로 부르게 되었다고 한다. 홰나무를 뜻하는 한자인 '괴槐'자는 귀신과 나무를 합쳐서 만들어진 글자이다. 회화나무가 사람이 사는 집에 많이 심은 것은 잡귀를 물리치는 나무로 알려져 있기 때문이다. 그래서 조선시대 궁궐의 마당이나 출입구 부근에 많이 심었다고 한다. 그리고 서원이나 향교 등 학생들이 공부하는 학당에도 회화나무를 심어 악귀를 물리치는 염원을 했다고 전해진다. 한국·일본·중국에 분포하며 영문명으로 차이니즈 스칼라 트리(Chinese scholar tree)라고 부른다.

병충해에 강하여 공원이나 가로수로 심으며, 고궁이나 서원, 고택에 많이 심겨져 있는 나무이며, 천여 년 전에 중국에서 들어왔단다. 회화나무는 장미목 콩과의 관목으로 높이 25m에 이르며 잎은 어긋나고 깃꼴 겹잎이며, 작은 잎은 7~17

개씩 달리고 계란 모양의 타원형이며 뒷면에 잎자루와 함께 누운 털이 있으며, 꽃은 8월에 원추 꽃차례를 이루며 연한 황색으로 피고, 열매는 협과(莢果, 콩처럼 꼬투리로 맺히는 열매)로 10월에 익는다.

우리 집 회화나무는 노거수老巨樹로써 1982년 9월 24일 보호 수로 지정되었으며, 마을에서는 꽃이 피는 위치와 양에 따라 그해의 풍흉을 알 수 있었다고 하여 신성시하게 여기고 있다. 회화나무 목재는 건축재, 가구재로 이용하며, 6~8월 꽃이 피기 시작할 때 꽃과 꽃봉오리를 따서 햇볕에 말리고 가을철에는 익은 열매를 따서 말려 약용하는데, 꽃과 꽃봉오리는 완화성 및 소염성 지혈약으로 토혈·빈혈·염증성 출혈에 쓰고 열매는 토혈 각혈 등에 소염성 지혈제 및 구충제로 쓴다. 꽃은 괴화槐花, 열매는 괴실槐實이라고 부른다.

1690년경 저의 9대 조부께서 심으신 것으로 추정하고 있으며 기나긴 세월의 한 토막에 우리는 잠시 이 땅을 빌려서 살다 갈 뿐이지만 이처럼 이전의 기나긴 세월과 이후 자손들의 세월도 함께해 나가길 기원해 본다.

홰나무槐木

내 고향집 마당 한 켠
삼백 살 드신 홰나무
초여름 미월未月엔 하이얀 꽃송이 달고
초가을 상달이면 연둣빛 꼬투리 맺어
한여름 뙤약볕엔 서늘한 그늘 주고
모진 풍파 눈보라엔 한 걸음도 못 나가고
누가 봐주지 않아도
가정사家庭史의 증목證木되어

고조 증조할아버지 그 어린 시절부터
나 세상 구경 나오던 날
아버지 할머니 세상 떠나시던 날
묵묵히 바라보며

아직도 새봄 되면
새순 틔우며
내 손자 증손자 기다리며
묵묵히 생명 다하는 그날까지…,

정자 그늘에

쨍쨍한 햇볕에 밭 갈다 잠시
흘러내리는 땀방울 식히려
홰나무 밑 정자 그늘에 잠시 누워 본다.

솔솔바람 불어오니 금세 평온함이 밀려온다.
짹짹이는 참새
구우구 구우구 산비둘기 소리
앞산엔 뻐꾹 뻐꾹 뻐꾸기 소리

잠시 상념에 잠겨 보니
옛날 옛적의 그림들이 스쳐 지나간다.
여기서 수십 년을 살아오셨던
할아버지 할머니 아버지 그리고 동무들
모두 다 어디 가고 나만 홀로 외로이
뻐꾸기 소릴 듣는다.

세월은 순식간에 흘러흘러
또 몇십 년이 흐르고 나면
그 누가 여기에 누워
내 생각이나 할 수 있으려나.

유채꽃 필 때를 기다리며

요 며칠은 꽃샘추위로 쌀쌀하더니 오늘은 그야말로 완연한 봄 날씨다. 나지막하게 핀 냉이꽃 사이로 흰나비, 노랑나비, 범나비가 어쩔 줄 몰라 이리저리 춤을 추고, 마당에는 초겨울에 심어 놓은 마늘도 따스한 봄 햇살에 꽁꽁 언 대지를 뚫고 나와 키가 한 뼘이나 쑥 자라서 머그잔 위에 올려진 양파처럼 귀엽기 그지없다.

오늘은 마당 축대 밑 논으로 쓰던 100여 평, 수십 년 동안 묵혀 둔 땅을 개간하기로 마음먹고 여기에 유채꽃을 심기로 하였다. 어릴 적 많이 먹었던 시나나빠(유채나물, 삼동초)라고 불렀던 나물 무침이 생각난다. 얼마 전 성당 신부님께서 강론 시간에 시나나빠를 언급하여서, 어릴 적 무척 많이 들었던 단어인데, 어머니께서 시나나빠 한 단 사 오라고 심부름을 시켰던 기억이 50여 년 만에 떠오른 것이다. 처음 들어보니 시나나빠가 무엇인지 몰라 단어를 검색해 보았다. 신선한 언어에 충격을 받았다

주말 농부로서 한계를 넘어서는 것 같다. 지금도 700여 평 가량 되는데 또 100여 평을 개간해 놓으면 그만큼 일 양이 늘어나기 때문이다. 마당 앞 축대 밑이라 항상 눈에 거슬려도 참고 참았는데 여기는 도깨비풀이 키보다 높게 자라서 들어가기도 겁이 난다. 빈집이다 보니 이웃 할머니들이 여기다 온갖 쓰레기를 갖다 버리고 폐비닐이랑 빈병들과 대나무와 찔레나무가 점령하고 있었다.

먼저 예초기로 풀을 베어 내고 깔구리로 풀들을 긁어 내었다. 불을 지르면 간단하게 해결될 테지만 산불 예방 기간이라 수시로 감시원들이 방송하며 돌아다닌다. 온몸엔 땀으로 범벅이 되고 속옷 사이로 까끄라기가 들어와 몸을 괴롭힌다. 치킨을 시키면 딸려 오는 콜라가 먹지 않아서 한 상자가 집에 돌아다녀서 여기 갖다 놓았는데, 갈증에 유통기간이 지난 콜라 한 병을 비웠다. 비가 온 지도 오래되어 가뭄이 심한데 여기는 풀로 덮여 있어서 그런지 땅이 질다.

작년에 사용하고 올해 처음으로 관리기를 꺼내어 시동을 걸었다. 조심스럽게 밭두렁 밑으로 내려가 로터리를 쳤다. 관

리기의 날을 교체하고 구글기(고랑 타는 기계)를 부착하고 고랑을 만들어 나간다. 마음이 삐뚤어서 그런지 고랑이 삐뚤삐뚤 마음대로 안 된다. 땅이 질어서 헛바퀴가 도니 힘으로 밀어부쳐야만 했다. 일을 하다 보면 여러 가지 변수가 생겨난다. 관리기 시동 거는 줄이 끊어졌다. 줄을 사 오려면 철물점에 가야 한다. 다행히 20cm 정도 끊어져서 수리해 보려고 시동줄 박스를 분해하여 보았다. 태엽이 감겨 있어서 조절하는 게 쉽지 않다. 조립하여 줄을 당기니 줄이 되감기지 않아 완전 분해를 하여 새로 조립하였다. 우여곡절 끝에 30여 분 만에 수리를 완료하여 시동을 걸었다. 오전 중에 파종까지 하려고 마음먹었는데, 변수들 때문에 시간이 늘어진다. 검정 비닐을 고랑마다 씌웠다. 일곱 고랑을 만들었다. 정오가 넘어서고 있었다.

관리기를 밭두렁 위로 올리는데 계속 헛바퀴만 돌며 땅을 판다. 힘으로 밀다가 손목을 삐끗 접질렸다. 오래 가지 않아야 할 텐데 걱정이다. 오후엔 뒷밭에 거름도 져 나르고 감자도 심으려고 마음먹었는데 오늘은 못 할 것 같았다. 경운기에서 체력의 한계를 느끼고 관리기로 바꿨는데 관리기도 체력의 한계를 느낀다. 소형 트랙터로 바꿔야 할 때가 됐나 보다.

점심을 먹고 휴식 시간 30분 정도 트럼펫 연습을 하였다. 손목에 통증이 온다. 3년 전에 파종기를 하나 만들었는데 씨앗을 일일이 몇 알씩 넣어야 하는 불편함이 있어, 인터넷으로 씨앗 파종기를 구입하였는데, 이것은 맨땅에 하는 데는 괜찮은데 비닐 씌운 데는 되지 않는다. 한 손에는 구멍 뚫는 파이프로 구멍을 뚫고 한 손엔 파종기로 씨앗을 파종하고 발로는 흙을 덮어 준다. 이렇게 심으니 시간이 금세 두 시간이 지나갔다. 씨앗을 종이컵 1컵을 샀는데 반 컵 정도 남아서 동편 밭에도 세 고랑 뿌렸다. 3시 반이 지나고 있다. 심하지는 않지만, 삔 손목이 얼얼하다.

기계를 정리하고 로터리 날에 감긴 비닐과 전깃줄 나무뿌리 등을 정리하였다. 다음주에는 뒷밭에 거름을 져 올리고 로터리 치고 감자 심기를 해야 한다. 비가 조금 내려야 씨앗이 발아될 텐데 이번 주에는 비 예보가 없다. 물을 좀 뿌리고 와야 하는데 그러질 못해 새들이 씨앗을 다 주워먹겠네.

심을 땐 이렇게 파김치가 되지만 얼른 여름이 와서 노란 유채꽃이 활짝 핀 정원을 기대해 본다.

혼자라서 좋은 날

오늘은 할 일이 좀 많아서 서둘러 고향집으로 갔다. 어제 퇴근하면서 종묘상에 들러 모종을 샀다. 청양고추 50포기, 땅콩 한 판 105포기, 오이 10포기와 고구마 한 단을 샀다. 서편 밭에 고랑을 만들고 비닐을 씌웠다. 여기에는 고추 모종과 땅콩 모종을 심었다. 고추는 원래 동편 밭에다 심었었는데 올해는 서편 밭으로 옮겼다. 연작 금지 식물이라 항상 농약을 안 치고 하다 보니 탄저가 심하여 수확량이 적다. 고추에는 원래 약을 12번 친다고 한다. 나는 식초와 마요네즈를 혼합하여 방제하다 보니 수확은 적다.

작년엔 땅콩을 심어서 오소리에게 몽땅 털려서 심지 않을까 하다가 누가 먹든 그래도 조금은 심어야겠다 싶어 심어 본다. 지난주에 비닐을 씌워 둔 뒷밭에는 고구마를 4고랑에 100포기를 심었다. 뒷밭은 산 바로 밑이라 고라니와 멧돼지가 설치고 다니기에 들깨와 참깨를 하는데 자투리땅에 좀 심어 보는데 걱정은 된다. 뒷밭 옆에 이웃집 도사견 등 3마리를 묶어 놓았으니 안 오려나 믿어 보기로 하였다.

맨 위 밭은 작년에 묵밭을 개간한 곳에 올해 처음 아로니아, 두릅, 앵두, 자두나무를 심었는데 잘 자라고는 있으나 참나무 베어 낸 것들과 대나무 베어 낸 것들에서 새순이 올라오기 시작하였다. 다음주에는 이것들을 또 베어 내야겠다. 오전 내 고구마, 고추, 땅콩을 심고 물 주고 나니 허기가 온다.

시원한 정자 그늘에서 도시락 보자기를 펼쳤다. 찬이라야 김치랑 더덕구이 두 가지뿐이지만 시장기가 보태져서 꿀맛이 따로 없다. 멀리 앞산에서는 산비둘기 소리만 처량하게 들려 온다. 저마다 추구하는 삶은 다르겠지만 나만 이렇게 평화로운 삶을 혼자 즐기려니 미안하다. 어제 체육관에서 A4 크기의 송판에 다 시를 적어 왔는데 이것을 정자에다 걸어 놓았다. 빈집에 정자는 마을 어른들의 사랑방이다. 한여름에는 여기보다 시원한 곳은 우리 마을에서는 찾아볼 수 없다. 늙은 홰나무 아래 정자 그늘. 이보다 시원한 곳이 또 있을까.

비닐하우스를 만들어 들깨 씨앗이랑 자소엽 씨앗을 뿌려

놓았는데 새싹들이 이쁘게 올라오고 있다. 발아 시점이 서로 다르니 크기도 차이가 난다. 좀 더 키워서 밭에 이식해야 한다. 아직 로터리 치지 못한 곳이 반, 며칠 전 비가 내려 오늘은 기계작업이 어려워서 다음주를 기약해야겠다.

오후에는 동편 밭에 세 고랑에 비닐을 덮었다. 여기에 땅콩 일부와 오이를 심었다. 점심 후엔 햇볕이 뜨거워서 일이 안 된다. 그리고 세차를 하였다. 항상 차에 미안하다. 농사용 트럭도 아닌데 농사한답시고 거름 포대도 실어 나르고, 모래도 실어 나르고, 장작도 실어 나르고 하여 화물차나 다름없다. 주말에만 쓰는데 화물차를 사긴 모호하여 SUV 승용차를 화물차 부리듯 하니 미안스럽다. 트렁크에는 모래와 거름 부스러기 등으로 지저분하다. 공업용 대형 청소기로 청소하고 모처럼 깨끗하게 세차하였다. 기분도 상쾌하다. 세차를 끝내고 차문을 닫았는데 아뿔싸 차 문이 잠겨 버렸다. 차 키는 꽂혀 있는데 난감한 처지가 되어 버렸다. 이곳에서 서비스를 부르기는 좀 그렇고 하여 문 열기를 시도하였다. 예전 차들은 잘 열렸는데 요즘 차량은 잘 열리지 않는다. 플라스틱 자가 필요한데 시골 마을에서는 아이들이 없기에 구할 수가 없어 철사 옷걸이를 굽혀서 30분을 씨름한 결과 문을 열었다.

마당엔 잡초 특히 냉이꽃과 하얀 민들레꽃이 가득하다. 여기엔 몇 년 전까지는 농약을 쳤는데 토종인 하얀 민들레가 약이 된다 하여 예초기로 풀을 깎아 왔다. 풀 키가 한 자나 자라서 풀을 깎아야 한다. 풀을 깎기 전에 민들레 씨앗을 좀 받아서 마당 아래 밭에 뿌려 봐야겠다.

네 시가 다 되어서 갈 준비를 하였다. 누전차단기도 내리고 수도계량기도 잠그고 세차하던 걸레를 찾아도 보이지 않는다. 갔던 곳 이곳저곳 찾아 보아도 보이질 않는다. 포기하고 집으로 향했다. 한참을 가다 보니 어깨가 축축해 온다. 어깨 위에 걸레가 걸쳐져 있는 것이 아닌가, 한참을 웃었다. 업은 아이 삼 년 찾는다는 속담이 있듯이 딱 그 꼴이다. 이제 한 살 한 살 더 먹어 가니 기억력이든 순발력이든 점점 소멸하여 가는 것임에 틀림없는가 보다.

낙산리 삼층 석탑

고향 마을 앞뜰에는 늘 그러하듯이
오늘도 제자리에 우뚝 서서 있는 둥 없는 둥
나래 펼친 냉산을 향해 합장하듯 선 그대여
날고 싶은 욕망 애원해 보지만
모진 풍상 눈보라에도 한 발짝도 내디딜
엄두조차 버리고 이 터를 지켜 온
그 세월만큼이나 아름답구려

육중한 몸돌 지붕돌 곰비임비 쌓아올려
숱한 천지개벽 지축을 뒤흔드는 지진에도
서로를 의지하는 믿음 하나로 버티어 온 세월
돌부처는 탁발 떠나셨나 텅 빈 감실 허전하고
쇠시리한 부연附椽 추녀 끝으로 흐르던
일천삼백여 년의 낙수에도 끄떡없으나
사그랑이 돼 가는 돌만 마음을 아프게 하는구려

아도화상 숨결 머금은 산사는 소실되고
논두렁 밭두렁에 깔린 연꽃 막새기와 조각
받침돌 조각들 그 흔적으로만 유추되고
석탑의 모양은 신라 석공 아사달의 솜씨런가

창연히 서 있는 기개가 가상하여라
신라 고려 조선의 흥망성쇠 변화무상함을
피부에 팬 주름살이 전하여 주는구려

먼 훗날 다가올 모진 풍상 천지개벽에도
모쪼록 부동의 자세로 잘 피하고 버티어
스스로 부처 되어 천만세 이어가길
버텨 온 세월만큼이나 태평성세 이루어서
새천년 그 훗날의 흐뭇하고 고운 전설
시공時空의 추억으로 주저리주저리 담아
후손들에게 전하여 주시구려.

낙산리 고분의 도래솔

한생을 살아 봐도 운이 좋아야
한 세기를 살다 가는 우리로서는
천 년, 이천 년이란 해묵은 세월은
천억, 이천억 원이랑 같은 것이다
아득히 먼 과거는 나의 시간이 아닌
전설 속의 시간이리라

이 공간 무덤의 시간도 무릉도원의
선계에 선 듯 멈춘 지 오래이고
적막을 깨고 가끔 물소리 바람 소리
새소리만 산허리 풀숲을 기웃거리다
바람 타고 강물 따라 정처 없이
유영하리라

주검만이 사는 산 월파정 산정엔
이천년 전 신라 가야인들의 넋이 깃들인
항아리묘, 석곽묘, 목곽묘, 구덩무덤 이백여 기
김 씨, 이 씨, 박 씨 촌락 이루며
자손들의 애절함에 곡하던 환상幻想만을
간직한 채 영면하리라

정신 혼魂들이야 연옥 구천을 날고
육신 백魄들은 핏물로 땅에 스미며
터를 지키고 강강술래를 하던 도래솔은
백魄들의 슬픔을 토닥여 주며
승의 경계에 서서 미련 두지 말라며
팔 벌려 눈 가려 주리라

바람이 수면을 긁어 소독약처럼 분무하면
수채화처럼 창백하게 숙연해지고
솔은 푸른 돌옷으로 염하듯 치장하고
솔잎엔 이슬 눈물 그윽하다
산 아래 낙동강 그 물결 그 달빛은
여전히 해오라기 춤을 추듯 일렁이누나.

새삼스럽게

새삼스럽다는 말은 사전에 이렇게 나와 있다. "이미 알고 있는 사실에 대해 느껴지는 감정이 갑자기 새로운 데가 있다." 생뚱맞다. 새삼이라는 어원이 '새삼'이라는 식물에서 왔는가, 어원을 찾아보았으나 별 연관성은 없어 보인다. 하지만 새삼스럽게 농부의 마음을 골치 아프게 하는 이놈을 어떻게 다스려야 하나.

지난주에는 새삼과 씨름을 하였다. 유채를 뿌려 놓은 밭에 온통 새삼이 번졌다. 작년에는 들깨밭에만 약간 번졌었는데 약성이 좋다 하여 그냥 두었다가 채취하려니 힘들어 포기하였는데 올해는 바로 옆 밭으로 번졌다.

새삼을 토사자라 부르는데, 약효가 상당하단다. 남성에게 좋은 다섯 가지 열매가 있는데 그것이 복분자, 오미자, 사상자, 구기자, 토사자 이 다섯 가지라 한단다. 그중에서 토사자(새삼)라는 놈에 대해 알아 본다. 옛날 허리를 다친 토끼가 콩밭에 들어가 콩밭에 번진 새삼을 먹고 새삼스럽게 말짱해졌다는 전설이 있어 그 이유로 토사자 어원이 토끼 토자를 쓴단다.

동의보감에서는 토사자는 양기 부족으로 음경 속의 찬 것, 정액이 절로 나오는 것, 오줌 누고 난 다음 방울방울 떨어지는 것을 치료한다고 하는데, 정액을 돕고 골수를 불려 주며 허리 시리고 무릎 찬 것을 낫게 한단다. 새삼의 6대 효능, 노화 예방에 좋은 항산화 작용과 암 예방, 골다공증 예방, 고혈압 예방, 성기능 개선, 눈 시력의 도움, 피부 미용 등 만병통치약이 따로 없다.

새삼 이놈은 귀한 식물인 것 같다. 놈이라고 대접해서는 안 될 것 같다. 모든 식물에 빈대처럼 붙어 떵떵거리며 오히려 주인 행세를 하며 식물을 초토화해 버리는 완전 기생식물이다. 서양에서는 마귀 창자, 마귀 머리털, 마귀 곱슬머리라고 불린단다. 얼마나 지독스러우면 마귀라고 할까. 기생하는 주제에도 8~10월엔 안개꽃 같은 하얀 작은 꽃을 피우며 가을엔 들깨씨 같은 씨앗을 맺는데, 한약재로 쓰이기도 하는 이것을 토사자라고 부른다.

씨앗은 다른 식물처럼 발아하여 줄기와 뿌리가 모두 생긴다. 하지만 5~10일 만에 팔을 벌려 다른 숙주를 찾는다. 숙주를 찾지 못하면 죽어버리지만, 숙주를 만나면 임시로 쓰던 뿌리를 망설임 없이 잘라 버린단다. 실험을 통하여 증명되었듯이 새삼 줄기 양옆으로 생화와 조화를 놓으면 생화 쪽으로 찾아가고 마른 줄기와 산 줄기를 놓으면 산 줄기 쪽으로 찾아가는 것을 보고 새삼을 냄새를 맡는 식물이라고 한단다. 숙주 식물을 만나면 칭칭 감고 유관에 가짜 뿌리를 박아 양분을 빻어 먹고 계속해서 팔을 벌려 나아가며 초토화 한다. 우리 아래 밭도 새삼이 며칠 사이에 완전히 정복하였다.

새삼의 효능은 근육과 뼈를 강화하고 특히 노화로 인한 허리가 약해지고 아플 때, 무릎이 시큰거리고 약해졌을 때, 노화로 인한 시력 감퇴, 이명, 관절염, 요통, 불임증, 정력 감퇴 등에 탁월한 효과가 있다고 한다.

몇 시간 동안 채취해 보니 쉽게 끊어지고 칭칭 감긴 숙주와 분리하기가 쉽지 않다. 두어 시간 동안 약 500g 정도 채취하여 담금주를 담았다. 새삼주는 실처럼 생겨서 실실주라고도 불린다. 토사자는 지용 성분이 많아서 술을 담가 먹는 것이 효과적이란다. 토사자가 더 귀한 식물이라 주객이 전도된 상황이 되어 버렸다. 참으로 새삼스럽다.

멧돼지 소동

심술궂은 봄바람에 벚꽃은 거리를 뒤덮고 기온마저 곤두박질쳤다. 아침 기온이 제법 쌀쌀하다. 할일이 많아 서둘러 농장으로 갔다. 새숫대야의 물에 살얼음이 끼었다. 빈집이라 몇 일 동안 봄비로 눅눅하던 안방의 보일러를 올리고 건넌방 아궁이에도 불을 지폈다. 깻단과 대나무 베어 놓은 것을 집어넣었다. 깻단 타는 소리는 토도독토도독하고 대나무는 굉음을 내면서 폭발한다. 수백 발의 총성을 내며 연기가 집 안 구석구석 점령하고 하늘을 덮는다.

한 시간 남짓 불을 지피고 나서 뒤곁의 표고버섯을 땄다. 어제 내린 비에 젖은 그늘 쪽 표고는 물먹은 하마처럼 부어 있고 양지쪽 표고는 말라깽이처럼 배배 비틀어져 손길을 기다리고 있다. 지난주에 심어 놓은 곰취는 생기를 돋우며 실바람에 이웃 아이들과 도란도란하는 듯 분주하기만 하다.

뒷밭으로 올라서 보니 두 주 전에 심어 놓은 산마늘, 명이나물도 손바닥 크기 만큼 자라 양팔 벌려 기지개를 켜고 있다. 아뿔싸 지난주에 무슨 일이 일어났는지 밭 전체가 난리가 났다.

6·25 때 난리는 난리가 아니다. 수년 전 내가 농사 시작하기 전 옆집 할머니가 심었다던 돼지감자가 번져서 캐내고 또 캐내어도 잡을 수가 없어 밭두렁과 아래쪽 일부는 그냥 두었더니 멧돼지 가족들이 포식하였나 보다. 온통 헤집어 놓았고 한 달 전쯤에 비닐 씌워서 감자를 심어 놓은 곳도 온통 밟아 놓아 개판을 만들어 놓았다. 감자는 먹지 않지만, 돼지감자는 잘도 먹는다. 뒷밭 제일 아래는 3년 전 포클레인으로 밭을 개간하면서 캐낸 대나무 뿌리와 돼지감자들이 뒤엉켜 있어 손도 쓰지 못했는데, 멧돼지 코는 트랙터보다도 성능이 우수해 보인다. 완전히 로터리를 쳐 놓았다. 바로 옆집에서 개 몇 마리를 사육하고 있는데 개들이 난리를 치고 해도 소용이 없다. 전에는 송아지만 한 도사견이 한 마리 있었는데 컹컹 짖으면 그땐 밑에까진 내려오진 않았었는데, 그래서 돼지가 먹지 않는 들깨, 참깨, 감자만 하는데 돼지감자 때문에 이 지경이 되어 버렸다.

마당 서편 밭엔 마늘을 심었는데 작년에 이장이 거름을 신청해 주지 않아 밑거름도 하지 못하고 마늘 농사를 하였더니 다른 집 마늘보다 못하다. 이웃집 할머니가 잔소리를 하신다. 비료라도 듬북 주라고 하신다. 지난주에는 요소 비료를 주었는데 오늘은 복합비료를 주었다. 마늘 심은 곳에서 3센티 거리에 구멍을 내어 비료를 넣어 주었다. 지난겨울 영하 10~15도로 내려가 마늘이 절반은 얼어죽었다. 남쪽 밭과 동쪽 밭은 아직 비닐도 못 걷어냈는데 물이 빠지지 않아서 이랑마다 물이 가득 고여 있다. 동편 밭의 이랑 사이 물을 빼기 위해 가장자리를 깊게 파서 물길을 터 주어야 했다. 내 작업 신발은 늘 장화인데 장화가 뻘 속에서 잘 빠지지 않는다. 수백 번의 삽질과 괭이질로 수로를 정비하고 다음 주까지는 비가 오지 않아야 마를 텐데…….

밭 가운데가 가장자리보다 낮아서 가운데에 흙을 두어 차 부어야 해결되는데 해마다 애를 먹인다. 11시 반 휴식 시간에 트럼펫을 잡고 노래를 불러 본다. 십여 곡 부르고 있는데 전화가 왔다. 동편으로 새로 터를 잡은 동갑내기 우 교수이다. 점심을 같이 먹자고 호출, 그 집은 아내와 아들과 같이 와서 오늘은 비닐하우스를 만들고 있다. 목살에 소주 한 잔으로 담소를 나누다가 남쪽 밭에 심으라며 토란과 미나리를 가져다 주었다. 남쪽 밭도 배수로가 정비되지 않아 호수가 되어 있어 장화가 발목까지 쑥쑥 빠진다. 장화를 신으면 양말이 자꾸만 벗겨진다. 수백 번의 삽질과 괭이질보다 이것이 나를 힘들고 귀찮게 한다. 그 이야기가 생각난다. 사막을 횡단한 여행가에게 기자가 질문하였다. “사막을 여행하면서 가장 힘든 것이 무엇이었습니까?”라고 작열하는 태양과의 싸움 또는 모래바람 이런 답을 기대하였는데 여행가는 신발에 들어간 작은 모래알이라고 답하였답니다.

쪼그리고 앉아서 토란과 미나리를 심고 나니 네 시가 다 되었다. 삽자루와 괭이자루를 씻고 온몸에 튄 흙탕물에 얼굴과 옷이 엉망이 되었다. 대충 씻고 뒷정리를 하였다. 씻어도 씻어도 손에서는 하수구 냄새가 진동한다.

밭두렁에 달래가 토실토실 살이 쪄 있다. 어떤 것은 파처럼 크다. 간장에 총총 썰어 넣은 달래장을 생각하며 한 움큼 캐고, 지난주에도 맛보았던 쑥국도 생각하며 쑥도 조금 뜯었다. 집에 오니 오늘은 유난히 피곤한 것 같다.

개죽음

참깨 파종을 검색하였더니 5월 5일에서 20일까지라고 나온다. 갑자기 마음이 급해졌다. 해마다 참깨 농사를 해 왔었는데 주말마다 비가 내려 여유를 부리다가 더는 미룰 수가 없는 상황이 되어 버렸다. 5시 반에 기상하여 프라이팬에 김치랑 묵나물과 참치를 넣고 밥을 볶았다. 그렇게 도시락을 챙기고 여섯 시에 집을 나섰다. 멀칭용 비닐을 사기 위해 체육관 주변에 있는 철물점으로 갔다. 아뿔싸 아직 문을 열지 않았다. 문을 한참 두드려도 인기척이 없다. 할 수 없이 면에 있는 자재상으로 가 봐야 할 것 같다. 낙동강 숭선대교에 올라서니 해는 벌써 중천에 오르고 강에는 물안개가 거대한 가마솥처럼 피어오른다. 낮은 산들을 솜이불 덮어 주듯 감싸고 도롯가에는 노랑 금계국과 이름 모를 보라색 꽃이 조화롭게 하늘거린다. 면 건자재상에서 멀칭 비닐을 사서 시골집으로 갔다.

이렇게 빈집에도 봄은 오고 그 누가 보아주지 않아도 꽃은 피고 세월은 그렇게 또 간다. 여섯 시 반이다. 오늘은 뒷밭에 참깨를 파종해야 한다. 약 200평 되는데, 지난주에 비닐 걷어내기를 하였으나, 오늘 하려고 다섯 고랑을 남겨 두었는데 그것은 묵혀야 할 것 같다. 우선 비닐 걷어낸 곳까지만 로터리 쳐서 참깨 씨앗을 파종해야 할 것 같았다. 절반은 이른봄에 감자 심을 때 로터리 쳐서 고랑을 만들어 두었는데 풀이 벌써 한 자가 넘도록 자랐다. 우선 비료와 거름을 지고 와서 뿌렸다. 원래는 거름을 뿌리고 한 주간 정도는 놔두어야 가스가 발생하지 않는데 시간이 없으니 바로 로터리를 쳐야 했다.

관리기에 기름을 채우고 시동을 걸었다. 관리기가 올라오는 우리 땅에 옆집 할머니가 벌써 채소를 심어 놓아서 다른 길을 만들어야 한다. 예초기로 무릎까지 자란 풀들을 베어내고 길을 텄다. 관리기를 밭으로 이동시켜 로터리 날로 교체하고 밭을 갈았다. 이틀 전에 비가 좀 내렸다는데 땅이 바짝 건조되어 먼지가 폴폴 난다. 황토 땅이라 마른 흙은 돌덩이처럼 단단하여 관리기가 망아지처럼 풀쩍풀쩍 뛴다. 한 바퀴를 로터리 치고 나니 한 시간이 훌쩍 흘렀다. 잠시 물을 한 모금 마시고 밭 옆에 사시는 할머니네 집 개들이 오늘따라 조용해서 쳐다보니 누렁이 진돗개가 이상하다. 다른 날 같으면 옆에서 일할 때 하도 지져대서 성가셨는데 자세히 바라보니 피에 흥건히 젖어 있다. 무슨 일인가 개는 꼬리를 감추고 묶인 목줄을 따라 빙글빙글 돌면서 괴로워하고 있다. 잠시 후 한쪽 구석에 머리를 쳐박고 조용하다. 오늘도 하늘에는 뻐꾸기가 뻐꾹 뻐꾹 처량히도 울고 간다.

두 번째 로터리를 쳤다. 한 번 치고 나니 두 번째는 좀 수월하다. 풀도 다 잘려서 흙과 혼합이 되었고, 이 밭은 약 5도 정도 경사가 된 밭이라 관리기가 자꾸 한쪽으로 치우쳐 똑바로 가려면 애를 써야 한다. 한참 후 개를 쳐다보니 그 자세로 죽은 것처럼 미동도 없다. 옆집 할아버지에게 개가 죽었다고 이야기하였다. 할아버지 아들이 올라왔다. 아침에 병이 들어 주사를 놓았다고 한다. 아직 죽지는 않았나 보다 고개를 들고 힘을 차리고 있다.

아들이 둘러보고 내려가고 나는 뜨거운 햇살 아래 한 번 더 로터리를 치고 이젠 고랑을 만드는 구글기날로 교체하고 고랑을 만들어 나갔다. 관리기가 자꾸만 한쪽으로 치우쳐 간다. 이것을 바로 잡으려고 한쪽으로 계속 밀어 주어야 고랑이 똑바로 된다. 누렁이가 신경이 쓰였다. 죽어 가고 있다. 뜨거운 태양 아래 고개를 쳐박고 미동도 없다. 삼십 분이 지나고 또 한 시간이 지나도록 나는 꺼져 가는 생명 옆에서 새로운 생명을 심는다.

고랑을 다 만들고 비닐멀칭을 한다. 서너 고랑 덮고 나니 11시 반이 되자 시장기가 밀려왔다. 옆집 아들이 어디 가는 모양이다. 다시 불렀다. 몇 시간 동안 꼼짝 않는 것을 보니 틀림없이 죽은 것이다. 아들은 죽은 개를 안고 뒷산으로 올라갔다. 나는 내려와서 정자 그늘에 앉아 트럼펫을 불었다. 괜스레 센치멘탈한 곡을 불러야 할 것 같았다. 휘버스의 '가버린 친구에게 바침'이란 곡과 '올드랭사인(작별)' 곡을 불러서 누렁이와 작별하였다.

그러던 차에 우 교수가 트럼펫 소리를 듣고 밥을 같이 먹자고 전화가 온다. 12시 반에 자기 집으로 오라고 하였다. 도시락을 준비해 왔으니, 다음에 같이하자고 해도 막무가내다. 여섯 시부터 일을 하였기에 12시 반까지 기다릴 수가 없어서 도시락의 반을 비우고, 다시 뒷밭으로 올라가 비닐멀칭 작업을 계속하였다. 12시 반이 지나니 또다시 전화가 온다.

우 교수네도 오늘 로터리 작업을 하는 모양이다. 우리 논을 부치고 있는 권○○이라는 친구 동생이 트랙터를 몰고 와서 작업을 해 주고 있는 모양이다. 트랙터로 하면 한 마지기에 한 오만 원 정도는 주어야 한다. 물론 일은 수월하다. 나도 처음에는 불러서 일을 시켜 보았다. 그러니 나의 일이 없다. 그냥 쳐다만 보고 있는 것이 일이다. 밥도 해 줘야 하고 그래서 경운기를 사서 해 보다가 관리기로 바꾼 것이다. 관리기 작업은 무척 큰 노동력이 소요된다.

여덟 명이 모여서 삼겹살에 소주 한 잔까지 곁들여 온갖 수다들이 왁자지껄 시간이 잘도 간다. 경기가 어수선하니 시골 마을에도 도둑과 사기꾼들이 설치는 모양이다. 시골집에는 주로 할머니들밖에 없는데 고물 장수가 와서 문패를 보고 내가 누구 친구인데 고물들을 이것저것 수백kg 싣고서 돈은 아들에게 주겠다고 하고 사라져 버렸단다.

우리 집은 대문도 없고 트럭도 그냥 마당까지 들어오니 관리기나 농기구들도 한쪽 구석에 그냥 방치되어 있어 마음만 먹으면 쉽게 털어갈 수 있다. 시골이라 누가 손대겠나 싶어 울타리도 없이 놔두었는데 이제는 조심해야 하나 보다. 대문도 CCTV도 설치해야 하나 보다.

한 시 반 정도 되어 자리에서 일어났다. 뒷밭으로 올라가서 남은 고랑 비닐 작업을 하였다. 15고랑을 만들었다. 이젠 씨앗 파종을 하여야 한다. 파종기에 깨를 채워서 한 손에는 구멍 뚫는 것으로 비닐에 구멍을 뚫고 한 손에는 파종기를 들고서 파종하기 시작하였다. 작년에 파종기를 처음 써 보았는데 나중에 싹이 나오지 않은 구멍들이 많아 숚음한 것을 빈 구멍에 이식하면 뜨거운 태양 아래서 살지 못해 파종할 때 빈 구멍이 나오지 않도록 신경을 써야 한다. 파종기 한번 누르면 깨알이 열 개 정도씩 나온다. 수작업할 때는 한 구멍에 다섯 알 정도 넣고 나중에 싹이 나오면 두 개 정도 남기고 솎아 주면 되는데 처음 두 고랑은 정성으로 빈 구멍이 나오지 않도록 일일이 손으로 넣어 주니 시간과 힘이 몇 배는 소요된다. 힘이 들어도 어쩔 수 없다. 왼손은 구멍 뚫고 오른손은 파종기 누르고 이렇게 15고랑을 다 하고 나니 네 시가 가까워져 온다. 이젠 완전 방전이 되었다.

서편 마늘밭은 한 주일 사이에 풀밭으로 변하였다. 작년에 자소엽을 했던 밭이라 마늘 이랑 사이에 자소엽이 가득 올라왔다. 환삼 넝쿨만 좀 뽑아내고 더 손댈 기력이 남아 있지 않다. 관리기를 댓 시간 몰고 나면 파김치가 된다. 다음날은 종일 앓아야 한다. 사월 하순에도 좀 무리하였다가 감기 몸살로 3주 동안 고생하고 아직 기침은 떨어지지 않았는데 또 무리하였으니…….

팔공산 능선을 걷다

현충일 연휴를 맞아 모처럼 산행 계획을 세웠다. 주말 농사꾼으로 농사일엔 한도 끝도 없으니, 의도적으로 하루를 빼기로 마음먹었다. 봄갈이는 얼추 마무리 되어가고 있으니, 모내기도 끝나고 들깨, 참깨, 고추, 땅콩, 오이 등을 심었다. 아직 들깨 모종 옮겨심기 다섯 고랑이 남아 있지만, 일요일 오전까지 풀 뽑기 물 주기 제초제 치기를 하고 나니 오후에는 너무 날씨가 뜨거워서 들깨 심기를 다음 주를 기약하고 포기하였다.

현충일 아침 7시에 장○○ 시인을 만나기로 하였다.

오늘은 군위에 있는 한티재 휴게소에서 출발하여 삼갈래봉–파계재–파계봉–상여바위봉–마당재–가마바위봉–병풍재–칼날능선–서봉–비로봉까지 계획을 세웠다. 다음 지도를 참고하니 6.3Km에 세 시간 남짓 예상되었다. 음식물은 각자 먹을 양만큼만 준비하기로 하였다. 사전에 음식물은 점검하니 장 시인이 김밥과 참외, 오이, 초코파이 등 각 두 개씩 준비하고 내가 참외, 바나나, 초콜릿바 등 각 두 개씩과 문어포와 아몬드를 소량 한 봉지를 준비하였다. 원래는 코펠, 버너, 라면 등을 내가 준비하여 다녔었는데 여름이라 더운데 라면 끓이는 것은 생략하기로 하고 작은 배낭에 짐을 꾸렸다. 시원한 캔맥주도 두 개를 넣고 싶었으나 음주 운전을 해야 하므로 생략하기로 마음먹었다. 칠곡 동명에 있는 송림사를 지나 산길로 고도를 높여 가니 장 시인이 귀가 먹먹하다고 호소를 한다. 한티재에 도착하니 8시가 되었다.

한티재에는 천주교 성지가 있다. 한티 성지는 1801년 신유교난 이후 충청 경기지역의 천주교 신자들이 박해를 피해 이곳으로 남하하여 형성한 교우촌이며 1866년 병인박해 이후 1868년 이곳에서 많은 신자가 참살을 당하였다. 30여 명의 무명 순교자들의 묘가 조성되어 있다.

한티재 휴게소에서 바나나 하나씩 나눠 먹고 8시 15분경에 출발하였다. 앞으로의 어떠한 고난이 숨어있는지 한 치 앞도 알 수 없는 등반의 시작이었다. 오후 3시경에 비 예보가 있었으나 등반 시작과 함께 비가 내리기 시작하였다. 여름 등

반이라 반소매 티랑 바람막이 재킷이 전부다. 한티재는 710고지이고 비로봉은 1,193m이니 단순하게 500m만 올라가면 된다.

이슬비가 부슬부슬 내리는데도 발걸음은 마냥 가볍다. 오랜만에 만났으니 할 이야기도 많았다. 이것저것 가족사며 세상사를 털어내니 시간 가는 줄 모른다. 한 봉우리에 올라서니 조난 구조목에 150번이 적혀 있다. 내리막이 시작된다. 내리막이 깊으니 오르막도 높다. 또 한 봉우리에 올라섰다. 또 내리막 또 한 봉우리 올라서니 구조목 144번 삼갈래봉(814m)이라는 표식이 나온다. 빗줄기가 굵어지고 바람도 많이 분다. 한 시간 정도 오르락내리락하니 파계봉이 나온다. 여기서 잠시 휴식을 취하며 참외 한 개를 조각내어 나눠 먹었다. 땀과 빗물이 온몸을 적셨다. 바람막이를 벗었다. 비가 계속 내린다. 나는 어제 밭에 물을 주긴 하였으나 비가 많이 내려 주길 기원한다.

파계봉(991m) 이정표에 비로봉까지 6.4km라고 표시되어 있다. 어찌된 일인가. 총 등산 코스가 6.3km로 알고 출발하였는데 한 시간을 왔는데도 더 많은 거리가 남아 있으니, 뭔가 잘못된 것임을 직감하였다. 초행 등반이라 정보가 아주 부족하였다. 비도 많이 내리고 하니 한 사람도 없이 산은 우리 두 사람에게 온전히 내어주었다. 파계재를 오르니 파계봉이 나오고 상여바위봉을 넘으니 마당재가 나오고 구조목 119번의 가마바위봉을 넘으니 병풍재가 나오는데, 100m를 내려가면 150m를 올라간다. 우여곡절 끝에 서봉까지 왔다. 시계는 12시를 알렸다. 네 시간을 산행하였다. 구조목에 95번 숫자가 보인다. 온 길을 생각하니 돌아가야 할 길이 막막하다. 안개에 가려 한 치 앞도 보이지 않는다. 대구 쪽에서 올라오신 부부가 보인다. 두 분 다 노란색 우의로 단단히 무장하였는데 우리는 비에 완전히 젖어 있는 생쥐 꼴이다. 모처럼 사람을 만나니 반가웠다. 비록 둘이지만 단체 사진을 부탁하였다. 아주머니가 찍어 주겠단다. 아주머니 손가락에는 토끼풀 꽃반지를 만들어 끼고 있었다. 나이들어 부부가 같이 산행한다면 얼마나 좋을까 생각해 본다. 우리는 서로의 취미가 다르니 상상도 못할 일이다. 연애할 때는 몇 번 산에 따라다녀서 좋아하였는데 결혼하고 나니 산과는 담을 쌓았다. 속았던 것이다.

30분만 더 가면 비로봉과 동봉이 있지만, 여기를 반환점으로 수정하였다. 식사할 곳을 찾았다. 널찍한 바위에 자리 잡았다. 김밥 위로 나뭇잎에 맺혀 있던 굵은 빗방울이 후두둑 떨어진다. 바람막이 재킷을 입었는데도 땀이 식으면서 한기가 전해 온다. 라면이 생각난다. 따끈한 라면 국물이 그립다. 1,100고지에 비바람이 세게 부니 기온이 10도 아래로 내려간 듯하다. 얼른 식사를 마치고 내려가기로 하였다. 등반은 우리네 인생사와 비슷하다는 느낌이 온다. 굽이굽이 돌아서 오르막과 내리막을 밧줄을 타고 위험한 구간을 지나면 환상적인 경치를 선사해 준다. 서두르면 미끄러지기도 한다. 오를 때보다도 내려올 때 더 조심하여야 한다.

왔던 길을 회상하며 느긋하게 돌아섰다. 마지막 삼십 분만 더 가면 비로봉 정상에 갈 수 있지만 더는 욕심을 내지 않았다. 작년에 홀로 비로봉에 올랐었기에 미련은 없다.

내리막길과 오르막길이 이젠 반대로 열려 있다. 내리막길을 한참 내려오니 왼쪽 무릎에 약간의 통증이 오기 시작한다. 무릎 아데를 착용하였다. 젊은 시절 등반을 하도 많이 하여 양쪽 무릎 연골이 다 찢어져 있어서 45세 때 연골 수술 진단을 받았지만 수술은 하지 않았다. 그 후로 무릎 주위의 슬개골근 근육운동을 많이 하여서 통증을 모르고 살았는데, 오늘처럼 긴 산행에는 무리가 따른다.

파계봉 지나서 목 좋은 곳에 앉아서 문어포와 아몬드를 먹었다. 시원한 맥주 생각이 간절했다. 항상 내가 막걸리를 준비하였었는데 오늘도 맥주를 넣어 오려다가 포기하였다. 요즘은 음주 사고도 많고 초행 산길이고 하여 자제를 하였다. 장 시인이 잔뜩 기대하였을 텐데 미안한 마음이 들었다.

파계봉에 올랐다. 이제 삼갈래봉으로 회귀한다. 몇 개의 봉우리를 넘었는데도 삼갈래봉이 보이지 않는다. 구간 표시판이 나온다. 142-2번이다. 본 적이 없는 번호이다. 주능선을 벗어난 모양이다. 밑으로 파계 위락 지구라는 표지판이 보인다. 그냥 내려가면 도로 밑까지 내려가야 하고 한티재 휴게소까지 10여 리를 도로 따라 올라와야 하는 상황이다. 우리는 어디서 잘못되었는지를 알 수가 없었다. 아까 141번 표시목 부근의 원당봉산이라는 비석은 우리가 올 때도 보았던 곳이라 그곳까지 다시 돌아가야 한다. 체력도 바닥나고 올라가는 것은 얼마든지 할 수 있겠지만 내려가는 것은 너무나 고통스럽다. 30분을 허비하고 우리가 쉬던 곳을 찾았다. 갈림길에서 다른 길을 택하였다. 한참을 가다 보니 142-1 표지봉이 나온다. 그곳에서 조금 더 가니 주 등산로 가는 방향이라는 표 시판이 나온다. 한참을 더 가니 드디어 삼갈래봉이 나왔다. 너무나 반가웠다.

삼갈래봉에서 조금 내려오니 시장기가 든다. 참외를 한 개씩 먹었다. 삼갈래봉을 뒤로하고 삼십 분을 더 내려오니 한티재 휴게소에 도착하였다. 오후 네 시가 되었다. 산봉우리를 스무 개는 넘은 것 같다. 능선 산행이라 경치나 좀 구경하면서 평탄한 길을 갈 수 있으리라 예상하였는데 잘못되어도 한참 잘못되었다. 나뭇잎에 가려지고 안개 속에 묻혀버리고 아무것도 보이지 않았다. 총 8시간을 산행하였다. 허리춤의 만보계에 33,000보가 찍혀 있었다. 총 24km 50리를 걸었다. 구미 시내 중앙시장에 가서 라스팅으로 막걸리로 여독을 풀기로 하였으나 그것도 힘들어서 막걸리는 다음 기회로 미루고 장 시인 집으로 가서 내려 주고 집으로 돌아갔다.

산은 거기에 있고 오라고 하지도 않았다. 우리가 선택하고 우리가 오르내리고 우리가 불평하고 울고 웃고 희로애락을 던지고 한다. 팔공산은 흙이 많은 육산이지만 기암괴석들이 비바람 풍상으로 동글동글한 화강암으로 아름답다. 수백 년 된 아름드리 소나무와 조화로운 명산의 기품을 간직하고 있다.

이렇게 힘들어도 아이러니하게 이러한 고통을 즐기려고 하는지 참으로 알 수 없다. 또 한 주일이 지나고 나면 어느 산으로 가려고 안달하지 않을까. 지독한 중독 현상인가.

아우성

하늘이 무거운 날이지만 비는 오지 않을 듯하여서 일 나갈 차비로 서둘러 본다. 강둑을 따라 국도변 샛노랗던 금계국도 가는 계절을 이기지 못해 시들고 논두렁을 그슬어 놓은 듯 까만 씨방만 머리에 이고 고개 숙인 채 잠자고, 도로 양쪽으로 모내기한 논들은 날로 그 푸르름이 더하여 간다. 그토록 쏟아붓던 장맛비도 요 며칠 물러나고 구름 사이로 간간이 볕살을 내려 주니 농작물들이 잘 영글어 간다. 작물들보다 더 잘 자라는 것은 이름 모를 잡초들인가. 마당에는 온갖 풀들이 키 다툼하며 서로들 자기 키가 크다고들 아우성치듯 번잡스럽기 짝이 없다.

한 주간 만에 참깨는 키가 부쩍 자랐다. 가지마다 은초롱

꽃송이를 매달고 벌들을 유혹하고, 장맛비에 쓰러진 고추들은 스스로 일어나지 못하고 일으켜 달라는 아우성이 환청으로 들린다. 노루망 그물코에 끼인 오이는 허리가 끊어진다고, 오이 줄기들은 서로 엉겨 풀어 달라고 아우성친다. 대문도 없는 빈집에는 고라니들이 다녀갔나 보다.

마당 가장자리에 나열한 상추들은 바리깡으로 이발한 이등병의 머리처럼 군기가 넘치고, 동편 추자나무밭의 팥도 싹둑 잘린 채 만세를 부른다. 이상하다 녹두는 아직 손도 대지 않았네, 취향이 아닌가 보다. 감시 카메라 녹화 중이라고 써 붙여 놓았건만 요놈들이 정신을 못 차리네. 초봄에 고라니 한 마리가 뒷밭 통로에다 이웃에서 설치한 올가미에 한 마리 걸려 죽은 것을 애도하였는데, 여태껏 한 번도 피해 준 적 없었는데 개체 수가 많이 늘어났나 보다.

오이랑 고추를 몇 개 따고서 예초기에 기름을 채우고 풀을 벤다. 동편 밭고랑 사이와 밭둑, 그리고 마당과 서편 밭둑으로 말끔하게 베어냈다. 다음은 분무기에 제초제를 혼합하여 한 말을 지고 밭고랑 사이 풀과 마당의 온갖 잡초들과 한바탕 전쟁을 치른다. 뒷밭에는 멧돼지들이 좋아하는 돼지감자가 번져서 아무리 제거하려고 애를 써 보아도 더욱 번져만 간다. 몇 차례 뽑아내도 또 새로 돋아나고 밟아서 부러뜨리고 제초제를 뿌려 준다. 열한 시가 지나간다. 살충제 분무기 통에 탄저병약과 노린재 약을 혼합하여 고추랑 오이랑 녹두랑 팥에도 뿌려 준다. 비가 자주 내려 벌써 고추는 탄저병을 앓고 있나 보다. 작년까지만 해도 약을 치지 않고 풋고추만 따 먹고 말았는데 올해는 100포기를 심어서 약을 안 칠 수가 없다. 뒷밭 대나무 그늘 밑으로는 올봄에 산마늘. 명이나물을 백 포기를 사다 심었는데 한 잎도 따 먹지 못하고 개미와 잡초에 김매기를 해 주었으나 이기지 못하고 고사 상태라 도저히 그냥 두고 볼 수가 없어, 마당 가장자리 상추 심은 곳 옆으로 옮겨 심으려고 한다.

호미와 들통을 들고 올라가서 쪼그리고 앉아 산마늘 뿌리를 캔다. 산마늘의 주산지는 울릉도와 강원도다. 추위에 강하고 해가 잘 들지 않는 곳이라야 잘 자란다고 하여 뒷밭 대나무 그늘에 심었는데, 캐 보니 온통 풀들에 에워싸서 숨쉬기조차 힘들 정도다. 반 정도 캐서 마당으로 옮겨 심으니 한 시가 다 되어간다.

도시락을 준비해 오지 않아 라면을 끓인다. 다섯 개 들이로 나온 라면이 오랫동안 먹지 않아 유통 기간이 2~3일 지나 버렸다. 유통 기간이 6개월 정도 지나니 라면에도 벌레가 생긴다. 아무도 살지 않는 빈집에는 이토록 시간이 더 잘 가는지도 모르겠다.

점심 먹고 나팔 불 시간도 없이 산마늘을 캐기 시작한다.

다 옮겨 심고 나니 두시 반이 되어간다. 호미와 작업복 손토시를 씻어 널고 장화도 씻고 있는데 시에서 홰나무에 약을 치러 왔다고 한다. 마당 가장자리에 있는 320년 된 홰나무는 오십여 년 전에 보호수로 지정되어 해마다 시에서 관리하며 약을 치고 영양제도 주고 썩은 곳은 도려내고 시멘트로 때우곤 한다. 갈 준비를 마치고 차를 빼내고 시에서 나온 약 차와 사다리차가 마당을 점령하였다.

라디오 전파를 타다

딸아이가 생명과학 유전자 바이오 분석학 석사로 졸업하고 이력서도 한 통 못 내 보고 백조 생활을 하다가 지난 월요일부터 출근하게 되었다. 유전자 검사하는 의료연구소의 연구원으로 취업하게 되어 서울 사는 여동생 집에서 당분간 출근키로 했다.

토요일 점심시간에 밥을 먹으면서 EBS 라디오를 듣고 있는데 라디오에서 내가 보낸 사연이 방송으로 흘러나오는 것이 아닌가. 깜짝 놀라서 밥알이 튀어나올 정도로 폭소하였다. 지방이라 다른 방송들은 잘 잡히지 않고 EBS만 잘 나온다. 가끔 라디오를 듣고 있었는데, '책으로 행복한 12시'라는 프로그램에서 '내 인생의 주제곡'이라는 소제목으로 며칠 전에 사연을 보내 달라길래, 듣다가 즉흥적으로, 카톡으로 사연을 보냈다. 별생각 없이 라디오를 듣고 있는데 내 사연이 흘러나와서 깜짝 놀랐다.

> '참새와 허수아비' 82년 그해 대학 졸업을 앞두고 삼 개월 동안 첫사랑 아가씨를 만날 때, 영등포역 앞 경방 자리, 그땐 없었던 경방 백화점 옆 '초이스' 카페를 아지트로 매일 그녀를 만나러 나갈 때 주변 상가에서 연일 히트를 치던 음악, 소설 같은 이유로 그녀와 헤어지고는 애써 피하였던 곡이지만 세월이 많이 흘러 한 번 신청해 봅니다.
>
> (2017. 4. 29. 12시 20분 EBS 라디오)

이제 본격적인 농사철이다. 지난주까지 밭농사 준비로 로터리 치고 비닐을 다 씌워 놓고 이제 파종만 남았다. 지난주에는 고추랑 오이를 심었다. 큰어머님 장지가 바로 시골집 앞 산이라 왔다가, 집에 물을 주려고 닷새 만에 들렀는데 벌써 오이 모종 두 개가 타 죽었다.

오늘은 아침 일찍 일곱 시도 안 되어 시골집에 도착하였다. 오후엔 기온이 30도에 육박하여 일하기가 만만찮다. 마당가에는 풀을 깎지 않아서 하얀 민들레꽃이 만발한 풀밭이다. 그래서 민들레를 캤다. 비가 오지 않아서 곡괭이가 들어가지 않아서 망치로 두들겨 가면서 캐니 시간이 많이 소요되었다. 한

대바구니 캐고서 예초기를 돌려 마당의 풀을 깎았다. 다음은 뒷밭의 풀들이다. 밭 가장자리에 돼지감자 새싹들이 무섭게 올라오고 있다. 멧돼지들이 난장판을 만들어 놓았다. 비닐을 씌워 놓은 곳도 돼지감자를 찾느라 다 헤집어 놓았다. 이것이 멧돼지를 불러들이니 어쩔 수 없이 없애야 할 것 같아서 제초제를 사용하기로 마음먹었다. 비선택형 제초제와 풀이 나지 않게 하는 제초제 두 가지를 혼합하여 돼지감자 새싹에 쳤다. 풀이야 당연히 죽겠지만, 돼지감자는 워낙 번식력이 왕성하여 어떻게 될지 궁금하다. 뒷밭 제일 밑에는 땅콩과 감자를 심어 놓았는데 아직은 돼지가 여기까지는 모르고 있다. 개집이 밑에 있기에 여기까지는 내려오지 않았지만, 언제든 내려올 수 있기 때문에 제초제 냄새가 도움이 될까 궁금하다.

서편 밭에는 자소엽 여덟 고랑을 파종하였다. 비닐에 파이프로 구멍 뚫기 하고 다음엔 씨앗 파종기로 씨앗을 넣고 주전자로 물을 주었다. 간식으로 가져간 초코파이를 꺼내 먹고 마시지 않던 유통기간이 지난 콜라를 한 병 비웠다.

동편 밭은 오이를 두 고랑 파종하고, 유채꽃도 세 고랑 파종하고 남은 스무 고랑에는 들깨를 파종하려고 한다. 여기도 스텐 파이프로 구멍을 뚫었다. 날씨가 뜨거워지고, 12시가 가까워져 온다. 대청마루에 앉아서 하모니카와 트럼펫으로 노래 몇 곡을 부르고 땀을 좀 식히고 점심으로 라면을 끓여 먹었다.

잠시 휴식 후 민들레를 손질하였다. 수돗가에 앉아서 다듬고 씻어서 비닐봉지에 담았다. 그리고 밭둑에 굵게 자란 달래를 호미로 캐어 보니 한 줌 정도 되어 이것도 씻어서 담았다.

한창 뜨거운 한 시, 수건으로 머리를 싸매고 밀짚모자를 쓰고 이글이글 불타는 태양 열기 속으로 들어갔다. 비닐 구멍 뚫기를 마치고 들깨 씨앗을 파종기로 넣었다. 수건은 땀이 배어 무거워지고 시원하게 마신 콜라가 시냇물이 되어 등줄기로 흘러내린다. 주머니 속 라디오에서는 내가 좋아하는 음악이 흘러나온다. 나는 이런 것을 즐긴다. 내가 좋아하는 여름의 태양과 흐르는 땀과 좋아하는 음악이 있으니, 나에겐 무릉도원이나 진배없다. 그 누구도 나의 시간을 방해하는 사람도 없는 조용한 이곳에서 나는 희열을 느낀다.

그동안 쌓아 두었던 폐비닐을 차에 실으니 스무 포대 정도 되는데 모아 두는 곳에 가져다 놓고, 동편 밭에는 주전자로 한 구멍씩 물을 주려니 허리가 끊어질 것 같아서 호스로 그냥 뿌렸다. 승용차를 화물차로 쓰니 차가 너무 더러워서 세차하였다. 우선 겉만 닦고 집에 가서 공업용 청소기로 흙먼지를 빨아내야겠다. 집에 가려고 준비하니 세 시가 지난다. 체육관에 들러서 샤워하고 오다가 막걸리 한 병을 샀다 집에 와서 청소기로 차 안 구석구석에 쌓여 있던 먼지들을 털어 냈다.

노봉 방주

오늘은 입추라는데 가을의 기운이라고는 전혀 느껴지지 않는 절정의 무더운 하루가 예상된다. 대구에서 시화전이 열리고 있고 또 임시 지회가 오후 2시에 예정되어 있어 빠르게 하루를 시작하여야 했다.

농사를 시작한 지도 어언 3년이 지났지만, 주일 농부로서의 한계에 부딪힐 때가 많다. 주일 농사를 하는 평수가 밭이 약 700평, 논이 1,000평이다보니 좀 버겁긴 하다. 버거울 정도를 넘어, 그냥 풀밭 수준이다. 지금 밭에서는 참깨와 들깨, 자소엽, 땅콩, 고추, 고구마, 오이 등이 자라고 있지만, 농약을 치지 않으려고 하니 맨 풀밭이다. 논이야 모내기, 물대기, 벼베기 등은 기계로 하니까 내가 하는 일은 논두렁 풀 깎기와 피 뽑기 정도이며 농약은 치지 않는다. 농약을 살포하면 소출이 더 증가하겠지만 혼자서는 감당이 되지 않아 포기하였다. 그렇다고 농사 지은 쌀도 수확하여 전량 공판장에 납품하고 나는 사 먹고 있으니 문제다. 내가 먹으려면 벼수확을 하면 도롯가나 건조기에 말려야 하고 정미소나 정미 기계를 사서 정미를 해서 먹어야 하니 시간과 노동력이 여간 많이 필요한지 모른다.

마을에서는 벌써 지난주부터 참깨 수확이 한창이다. 참깨는 수확할 일정이 이틀 정도로 아주 짧다. 이 시기를 놓치면 베면서 10% 이상 깨알이 빠져 버린다. 미리 베면 알곡이 덜 여물고 하여 여간 까다롭지가 않다. 여기 살면 아무 문제가 없겠지만, 아침 여섯 시에 일어나 밥 먹고 시골집에 도착하니 7시가 되었다. 해는 벌써 중천으로 치닫고 숨을 막기 시작한다. 참깨밭에 올라가 보니 아직도 꽃이 달려 있고 꼬투리가 덜 여문 것 같고 오늘은 행사도 있고 해서 다음 주에 베기로 연기해야겠다. 서편 밭에 고추가 온통 빨갛게 익었다. 고추는 병치레가 많은 작물이라 약으로 키운다. 보통 10회 이상 농약을 분무한다. 담배나방충, 탄저병 살충제, 제초제 등으로 도배를 한다. 그러나 나는 내가 먹을 것이기에 약을 한 방울도 치지 않고 주는 만큼만 먹기로 하였으니, 수확은 큰 기대를 하지 못한다. 고추는 따서 씻어서 말리는 것이 주일 농부에게는 적당치 않아 작년에 200포기에서 올해는 20포기로 줄여 심었는데 지금까지는 병치레 없이 잘 자란다.

동편 밭에는 100년 가까이 된 호두(추자) 나무가 있는데 해마다 열매가 익기도 전에 다 떨어지곤 했는데 재작년부터 주변 대나무도 쳐내고 거름도 많이 주어서 그런지 호두가 많이 달리고 떨어지지 않았다. 올해는 반 가마니는 따려나 기대가 크다. 동편 밭은 자소엽과 들깨와 오이가 자라고 있다. 비닐을 다 씌웠지만 5고랑은 씌우지 않고 그냥 씨앗만 뿌렸는데 풀에 자소엽 씨앗들이 졌다. 풀 키가 1m는 더 자라서 자소엽은 다 죽었다. 지난주에 풀을 베다가 탈진하여 죽는 줄 알았다. 열 시 정도 되니 기온은 30도가 넘어서고 오 분도 버티기 힘들었다. 한 시간 가량 예취기를 돌렸지만 풀이 기계에 감기고 진도는 나아가지도 않고, 열한 시쯤 되어 그대로 놔두고 집으로 와버렸다. 오늘은 마무리 짓고 거름도 뿌려 놓아야 하순쯤에 로터리를 쳐서 김장용 배추를 심을 수 있다. 낫으로 풀베기를 하였다. 대부분 바랭이풀로써 잘 베어지지도 않고 애 먹인다.

열 시쯤 집으로 왔다. 집에 와서 고추를 닦고 가위로 반쯤 잘라서 태양초를 만들려고 옥상으로 올라갔다. 옥상 천막 창고에서 돗자리를 꺼내려고 들어갔는데 머리에 못에 찔린 듯 통증이 와서 깜짝 놀라 밖으로 뛰쳐나오니 커다란 말벌집이 붙어 있고 수백 마리의 말벌들이 윙윙대는 게 아닌가. 머리에 세 군데, 손에 한 군데 쏘였다. 머리의 반이 통증에 싸여서 얼른 병원으로 차를 몰았다. 머리만 아니면 그냥 참을 수 있었을 텐데 어쩔 수 없었다. 500m 근처 내과로 달려가니 휴가라 문이 닫혀 있었다. 시내 병원에 가니 일요일이라 응급실만 열려 있어 주사 두 방만 맞고 집으로 돌아왔다. 다행히 벌 알레르기는 없는 모양이다. 손도 붓지 않고 견딜 만한데 오히려 주사 맞은 다리가 마비가 되는 것 같았다. 남들은 돈을 주고 벌침도 맞는데 해독 주사를 맞았으니 허사다. 옥상에 다시 올라가서 벌집을 제거해야 한다. 119를 부르려다 내가 주사까지 맞았으니 직접 해야겠다 싶었다. 노방봉주를 만들어야겠다.

지난주에 시골집 처마에 붙은 것은 좀 작은 것이라 에프킬라로 죽였지만, 이놈은 지름이 15cm 가까이 되면서 말벌이 수백 마리는 넘을 듯싶었다. 일단 등산복으로 중무장하고 모자를 쓰고 고무장갑을 끼고 모기장으로 된 양파망에 철사 옷걸이를 둥글게 하여 넣고 양파망 줄을 잡고 벌집에 씌어 잡아당겨서 뱅뱅 돌렸다. 나의 혈압이 상승하면서 희열을 느꼈다. 두세 마리 남기고 다 잡았다. 일단 양파망째로 냉동실에 집어넣었다.

마트에 가서 1.8ℓ 30%짜리 담금주를 사 왔다. 옥상에 모기

약을 들고 다시 올라가니 외출했던 말벌 몇 마리가 집 주위를 서성이기에 킬러로 쏴 죽였다. 고추를 닦고 쪼개서 널려고 하였는데 시간이 부족하여 그냥 널었다. 성당 갔던 아내가 김밥을 라면 상자로 한 상자 사서 돌아왔다. 오후에 꼬미시움 회합이 있다고 다시 나가야 한단다. 김밥 두 줄을 먹고 샤워하고 대구 지회 모임 갈 준비를 하였다. 30분 정도 냉동실에서 얼린 벌집을 벌들이 깨어나기 전에 서둘러 담금술병에 넣었다. 노봉방주를 만들었다. 신경통, 관절염, 중풍, 자양강장에 좋다고 한다.

오월의 붉은 장미

사랑스러운 나의 임이여!
이 맑고 아름다운 계절
푸른 하늘 오월의 정원 담장 너머로
붉은 덩굴장미가 고개 내밀고
매혹스러운 자태를 뽐냅니다.

사랑스러운 나의 임이여!
겹겹이 둘러싸여 있는 꽃잎 속에서
알알이 터져 나오는
마법의 향기에 흠뻑 취해
불타던 사랑을 기억해 봅니다.

사랑스러운 나의 임이여!
환희 속에 감춰진 눈물
아름다움과 배반의 모순을 간직한
마리아 릴케의 장미처럼
슬픔의 역사를 기억합니다.

사랑스러운 나의 임이여!
아픔이 있어 처절하게 아름다운

오월의 붉은 장미처럼
달콤하고 쓰라린 사랑의 향기는
첫사랑의 아린 추억으로 기억합니다.

시간과 공간

어떠한 사물이든 공간이든
시간은 도랑물처럼 몸짓하며 스쳐간다

인간사 모든 이 저마다의 자리에도
시간은 솔바람처럼 몸짓하며 스쳐간다

개울물이든 솔바람이든 서로 만나면
흔적들은 돌 틈의 이끼처럼 인연으로 스민다.

공간은 시간을 담는 그릇이고
시간도 공간을 담는 그릇인가 보다

그곳에 가면 그때 그 시절 그 추억이 생각나고
그맘때가 되면 그곳의 그 추억도 생각나겠지.

김종근 수필집

공간, 시간을 담고

초판 1쇄 발행 2025년 4월 15일

지은이 김종근
펴낸이 이은재

펴낸곳 도서출판 그루
출판등록 1983. 3. 26(제1-61호)
주소 42452 대구광역시 남구 큰골 3길 30
전화 053-253-7872, 02-358-1161
팩스 053-257-7884
전자우편 guroo@guroo.co.kr

ISBN 978-89-8069-525-6 (03810)

*잘못된 책은 구입하신 곳에서 바꿔 드립니다.
*책값은 뒤표지에 있습니다.